Libérate de Tu Negocio

Técnicas secretas de los nuevos emprendedores
millonarios para tener vacaciones de por vida
mientras tu negocio trabaja para ti

www.infodevida.com

Un regalo para ti

Para todo el equipo de Info de Vida el mayor de los deseos es y será que prosperes en todos los aspectos de tu vida.

En agradecimiento tenemos un regalo para ti. Se trata de una guía que hemos elaborado para mejorar la productividad y la creatividad: ideas prácticas de cómo usar 35 minutos al día para tu bienestar.

Puedes descargar gratis esta guía ingresando en el siguiente enlace www.infodevida.com/regalo o escaneando este código QR.

Contenido

Introducción

El ser humano se ha caracterizado a lo largo de la historia por hacer lo impensable y enfrentarse a una realidad impredecible porque cualquier situación puede aparecer de la noche a la mañana. Su inteligencia lo ha conducido a crear una utopía que poco a poco alcanza la perfección, y no solo eso, cada vez más aparecen nuevas oportunidades que mejoran la calidad de vida de los habitantes de la tierra. Todo ser consciente anhela tener una vida equilibrada desde todos los aspectos existenciales: profesional, personal, económico, salud, entre otros. Todos desean triunfar en la vida, cumplir sueños y vivir en abundancia, por ello existen personas que se enfocan con determinación para obtener recursos propios a través de sus ingeniosos negocios.

Es aquí donde aparecen los denominados *Emprendedores*, personas que quieren encontrar su propio camino fundando una organización exitosa, avanzando hacia sus metas y sueños, traspasan lo inimaginable y consiguen entrar a una etapa que cualquier ser humano desea con vehemencia: La libertad. Ellos tienen un papel fundamental en esta sociedad que avanza a pasos agigantados, ya sea en la activación de la economía, en contratar empleados, prestar servicios o comercializar productos, cumplir con los tributos al gobierno y demás.

En primera instancia, los emprendedores se encargan de activar la economía a través de sus actividades operacionales, reciben dinero que va destinado al crecimiento del negocio, creando una red productiva en los diferentes sectores de la economía.

Con el proceso anterior se desarrolla un ciclo interminable de compra y venta, incentivando el movimiento de efectivo junto a transacciones digitales, de esta forma se benefician los actores que participan en la economía.

Todo esto ocurre gracias a las empresas que se esmeran por potenciar sus servicios y productos al máximo, se activa la economía y se beneficia la sociedad. Desde aquí radica la importancia que tienen los emprendedores, en manejar a la organización con miras hacia el progreso de la comunidad y desarrollar estrategias para mejorar los diferentes componentes del mercado. ¡Estas personas merecen un aplauso! ¿Por qué? La respuesta es obvia, gracias a sus innovadoras ideas construyen el futuro de la humanidad.

Existen emprendedores que han alcanzado la supremacía de esa libertad tan anhelada por millones de personas en el mundo. Son líderes por naturaleza, guían a sus empresas hacia las puertas del éxito a través de procesos orientados a obtener beneficios, suponiendo ambientes laborales óptimos y mucha energía para dar todo de sí mismos.

Ahora existe una nueva mentalidad utilizada por los nuevos emprendedores millonarios, en el que los fenómenos tecnológicos se han encargado de transformar la forma de hacer y administrar empresas.

¿Es posible obtener libertad con el dinero y el tiempo, aunque se sea un emprendedor? O también, ¿existe la posibilidad de que el dinero trabaje solo sin necesidad de estar presente? La experiencia dice que sí, miles de empresarios ganan millones de dólares mientras se encuentran viajando por todo el mundo y disfrutando de los placeres de la vida. Además, tienen tiempo para dedicarle a la familia, cuidar de su salud, ayudar a otras personas, entre otras actividades de crecimiento personal. En este contexto existe una pregunta fundamental: ¿Cómo un emprendedor puede obtener la libertad desde todos los aspectos de su vida?

Para responder la pregunta anterior se han realizado una serie de investigaciones referentes a los nuevos elementos del emprendimiento, revelándose los secretos que esconden los emprendedores que han logrado la verdadera libertad, y por ello, se explica la importancia que tiene dicha libertad con el dinero, el tiempo, y las razones por las cuales es necesario liberarse de un negocio manteniendo el control del mismo, es decir que la persona pueda liberarse de su empresa para tener la libertad de disfrutar de tiempo y tener dinero suficiente para asegurar el estilo de vida deseado.

Asimismo, se revelan los secretos que esconden los nuevos emprendedores millonarios, saliendo a flote sus hábitos, la forma en la que actúan en el día a día, y su estilo de vida tan anhelado por millones. ¿Cómo hacen estas personas para tener decenas de negocios y viajar al mismo tiempo? ¿Es verdad que tienen un horario flexible? ¿Pueden trabajar cuando lo deseen? ¿Es cierto que facturan millones de dólares mientras se encuentran flotando en una piscina con una copa de vino a la mano? Las respuestas podrían emocionar a todos los que desean emprender y tener éxito.

También, se incluye el conocimiento avanzado sobre la forma de cómo conocer a fondo un negocio para poder transformarlo en un organismo rentable y exitoso, recurriendo a técnicas actualizadas como la incorporación de una misión, visión, metas, uso de un organigrama y la adecuada investigación de los clientes potenciales, quienes son el pilar de toda organización que presta servicios y vende productos. A través de la implementación de estrategias para un negocio (Rocks, Flywheel y Meetings) se potenciará al máximo la operacionalidad de una organización con el fin de obtener beneficios que van de la mano a los avances del mercado nacional e internacional.

Además, se usará la automatización de un negocio en cuanto a la gestión del talento humano para poder ser libre, teniendo en cuenta ¿cuándo y en qué momento contratar? ¿Cómo contratar al personal idóneo? ¿Si es posible subcontratar talentos que lleven las riendas de un negocio?

En cuanto a la administración del tiempo, se presenta un sistema eficiente junto a técnicas orientadas a mejorar un día laboral y transformarla en menos horas de trabajo, se utilizarán las diferentes herramientas existentes que facilitan la gestión del tiempo.

Por otro lado, el manejo de las finanzas es uno de los puntos más importantes del negocio, aquí se compartirá la forma de gestionar el dinero, a través de la rentabilidad.

También, se aborda el emprendimiento del futuro, incluido el método "hormiga reina" (creación de varios negocios autosustentables para obtener riqueza y libertad financiera frente a un mercado lleno de oportunidades) incluso la manera de crear otras hormigas reinas para el beneficio propio. ¿Cómo crear riqueza en esta nueva realidad económica? Secretos y trucos para hacer dinero en internet, o bien la manera de monetizar cualquier actividad que se realice. Además, se incorpora una temática crucial a la hora de actuar según los avances tecnológicos: la industria 5.0.

De igual forma, se abordan los grandes aciertos que han tenido los nuevos emprendedores cuando decidieron liberarse de su negocio, entre ellos, el manejo del dinero, la contratación de personal adecuado, la delegación y el mantenimiento del control del negocio. Y por último, las diferentes experiencias de los emprendedores que siguen las estrategias para construir una vida productiva y conseguir que sus negocios trabajen para ellos.

Libérate de tu negocio supone un nuevo paradigma frente a un mundo digital lleno de oportunidades, traspasa lo tradicional y se embarca en nuevas pautas que van acorde a esta realidad.

La finalidad es ayudar a los emprendedores a liberarse de sus negocios para tener más tiempo libre, disfrutar con la familia, vivir aventuras y, sobre todo, hacer realidad muchos sueños.

¿Tu familia desea que tengas más tiempo para ellos? ¿Sientes que es el momento de que tu negocio te dé más tranquilidad? ¿Quieres lograr la supremacía financiera haciendo que tu negocio trabaje para ti? ¿Quieres que tu presupuesto te permita viajar por el mundo? ¿Quieres jubilarte lo más pronto posible? ¿Sientes que es tiempo de que tu negocio avance al siguiente nivel? ¿Te gustaría saber cómo lograrlo?

Si respondiste que si a una de estas preguntas, es hora de abrir la mente al conocimiento que encontrarás aquí, desde un punto de vista sencillo y claro, con ejemplos de la vida real y casos de emprendedores reconocidos.

Recuerda que no necesitas ser un profesional o conocedor de la materia, lo importante es el deseo de aprender junto a la voluntad de conseguir lo que más anhelas: la libertad.

¡Toma el control de tu vida! ¡Haz que el dinero trabaje para ti y que se multiplique! ¡Obtén la libertad financiera, personal, y de tiempo! Es tiempo de formar parte del nuevo grupo de emprendedores libres y exitosos, únete al selecto grupo de personas que han conseguido abundancia financiera, disfrutan y ayudan a otras personas, gracias a que tienen más tiempo libre y más dinero.

El momento es ahora. ¡Libérate de tu negocio!

Capítulo 1. La importancia de la libertad en tu vida

El sueño de millones de personas en el mundo es tener una vida productiva, sostenible y equilibrada, donde los sueños se vuelven realidad y los planes toman un rumbo positivo. Un estado de regocijo en el que la felicidad hace parte de la vida.

Muchos emprendedores se imaginan estar en una lujosa habitación mientras se encuentran acostados en una cama valuada en 1000 dólares, piensan en el porvenir y en el destino de sus empresas, han trabajado para desarrollar un imperio de servicios o productos que ahora están dando frutos. El viento marino acaricia la piel de aquella persona que sabe algo: tiene en su cuenta bancaria miles de dólares. Al frente hay un televisor pantalla plana con lo último en tecnología junto a un mueble que cuesta 3000 dólares. La pared es blanca como la nieve de los polos, el piso brilla como una reluciente vasija.

Su familia está disfrutando del exuberante paisaje, se bañan en la playa y toman fotografías como un recuerdo porque al día siguiente se van para otro destino, ¿cuánto dinero costará trasladarse a un lugar diferente? ¿Cómo disfrutarán del dinero? Pues lo harán como deseen porque tendrán la libertad de disfrutar el dinero.

Por otro lado, pueden existir emprendedores que desean tener una vida sencilla y llena de felicidad. Tienen un carro, una casa y una empresa exitosa, pueden irse de vacaciones cuando quieran y trabajan con un horario flexible.

Ahora es necesario entender el significado de la palabra "Libertad", del que tanto se ha mencionado. Cuando se piensa en dicha palabra es común identificarla con la justicia (ser libre), o también por el estado del ser humano (tener la facultad de tomar sus propias decisiones).

La historia de la humanidad es un claro ejemplo de que la libertad es netamente subjetiva. La primera interacción humana hace miles de años se caracterizó por ser nómada, iban de un lugar a otro para disfrutar de los recursos según las estaciones del año. La mujer dependía de su marido, realizaba las tareas del hogar, es decir, sus acciones giraban en torno a la familia. Tenía una función importante —el de procrear y criar a los futuros cazadores—. Al pasar el tiempo, los grupos fueron creciendo cada vez más, convirtiéndose en comunidades, y por lo tanto hubo una necesidad: el crear asentamientos. Esto condujo a jerarquías sociales, el jefe (patriarca) junto a su mujer (matriarca) tenían el control del grupo, eran dueños de la tierra y los recursos naturales, los demás integrantes debían respetar la autoridad y regirse a las normas para poder obtener alimento, protección y compañía.

Aquel estilo de vida fue evolucionando a grandes ciudades como Babilonia, Grecia, Roma, antiguos imperios que inundaron al planeta con su soberanía, donde un líder tomaba las decisiones, estaba protegido por un sinnúmero de soldados leales y tenía la facultad de conquistar nuevos territorios. Más adelante nuevas invenciones transformaron la cotidianidad, ya en la edad media se crearon principados y reinos autónomos, apareció un nuevo sistema político y social conocido como el feudalismo, se instauraron jerarquías sociales predominando la supremacía del rey, seguida de los nobles (duques, condes, príncipes), centralizada en la parte religiosa (obispos) y militar (caballeros, tenientes), y finalizada en otros niveles (soldados, siervos, servidumbre, campesinos). La riqueza era proporcional según el nivel de jerarquía.

Al pasar el tiempo la mentalidad de las personas fue cambiando, los derechos humanos al igual que la moralidad tuvieron un papel crucial para derrumbar el feudalismo y crear nuevos sistemas económicos y sociales como el capitalismo, socialismo, comunismo, entre otras. Esto ha mejorado a la sociedad hasta el día de hoy puesto que existen beneficios y derechos para cualquier ser humano.

En ese sentido, la humanidad ha avanzado a pasos agigantados, en este momento tal vez te preguntes, ¿qué tiene que ver el pasado de la humanidad con la libertad y por qué es importante saber esto? La respuesta es sencilla, la historia es un bosquejo inalterable que demuestra una clara verdad: los seres humanos han evolucionado hasta el punto de darle forma a la verdadera libertad, es decir, la libertad de dinero y tiempo.

Para entenderlo es necesario reflexionar en las etapas históricas más importantes:

- En la edad antigua, la mujer era sierva del hombre, y este último le servía a los dioses.

- En la edad media, los siervos les pertenecían a las jerarquías más altas como los tenientes, condes, príncipes, duques, quienes le tenían lealtad al rey. ¿El rey era libre? La respuesta es obvia: él seguía las disposiciones de sus creencias religiosas.

- Con la llegada de la modernidad se cambiaron las prácticas de la edad media, aparentemente las personas eran libres.

- En la edad contemporánea, muchas circunstancias han cambiado, los avances se hacen notar: innovaciones tecnológicas, la educación financiera, las investigaciones científicas, el emprendimiento y demás.

Lo anterior hace hincapié a la libertad humana, y surge una pregunta: ¿Qué es la libertad en sí? Para responderla es necesario saber que la libertad puede ser concebida desde muchas perspectivas, la Real Academia Española (RAE) la define como: "Facultad natural que tiene el hombre de obrar de una manera o de otra, y de no obrar, por lo que es responsable de sus actos". En ese contexto, se puede tener en cuenta esta definición para intentar darle una visión general a la palabra "libertad", siendo la posibilidad que tienen las personas de tomar sus propias decisiones, respetando las legislaciones vigentes de la zona en la que viven.

La libertad es la facultad de poder pensar y actuar de manera autónoma y consciente. Las personas actúan según su criterio e interactúan con la realidad de acuerdo a los valores aprendidos.

Características de la libertad

En un sentido general la libertad se caracteriza por:

- Ser una facultad inquebrantable del ser humano.

- Tener en cuenta la libertad del semejante y la propia.

- Ser relativa.

- Permitir una elección.

- Reconocerse como un derecho inalienable y un valor.

Tipos de libertad

Ahondando de manera profunda se puede catalogar la libertad en distintos tipos:

Libertad de expresión: Es un derecho fundamental en el que la persona tiene la libertad de expresar, investigar, difundir y opinar sobre cualquier tipo de temática.

Libertad sexual: Es el derecho que tiene toda persona a la hora de elegir su sexualidad, es la libre disposición de su cuerpo e intimidad frente a una situación que incite ese tipo de práctica.

Libertad de culto: Todo ser humano puede profesar cualquier tipo de religión, creencia y culto. Tiene la libertad de practicar sus creencias espirituales o religiosas.

Libertad de circulación: Es la facultad que posee cualquier ser humano para moverse en distintos puntos del planeta siguiendo las legislaciones de cada país.

Lo anterior es una muestra de lo que representa la libertad a nivel general y sus diferentes vertientes. Es momento de contextualizarlo a la temática principal de este capítulo, y para ello se debe hablar de la libertad empresarial, financiera, económica y personal; tiene muchos nombres, y todos apuntan a un solo camino: la libertad de poder disfrutar de los placeres de la vida mientras el dinero trabaja para el emprendedor.

Centenares de autores han hablado acerca de la libertad financiera, un sinnúmero de títulos en abundan sobre el tema e incluso existen artículos de emprendedores que lo explican de manera entendible. ¡Es hora de ir hacia lo diferente! Por ese motivo, se explican aquí dos libertades específicas, la libertad de dinero y la libertad de tiempo. ¿En qué consisten? ¿Por qué son tan importantes?

Libertad de dinero: El dinero es sin duda, un recurso indispensable para la supervivencia de cualquier ser humano, se pueden comprar alimentos, vestimenta, electrodomésticos, herramientas; ayudar a otros; disfrutar del entretenimiento; y demás aspectos que hacen parte de la vida cotidiana. Según la RAE el dinero es: "Moneda corriente. Hacienda, fortuna. Medio de cambio o de pago aceptado generalmente".

Gracias al dinero una persona tiene la facilidad de desenvolverse en una sociedad llena de oportunidades, abre las puertas de la prosperidad y disfruta de múltiples beneficios.

La libertad de dinero hace referencia a la oportunidad que tiene una persona de poder manejar dicho recurso como lo desee. Es un estado inalterable en el que alguien posee una riqueza capaz de llevarle a la cúspide de la estabilidad económica, donde tiene el futuro asegurado, sus ganancias oscilan grandes sumas de dinero, puede invertir en lo que desee. También, se puede indagar sobre la libertad de dinero desde una perspectiva personal, que va en el sentido de hacer que este recurso trabaje en su beneficio.

Libertad de tiempo: El tiempo es una de las mayores fuerzas existentes en el universo, es continuo y fluye naturalmente, por decirlo de alguna forma. La RAE lo define como: "Duración de las cosas sujetas a mudanza. Magnitud física que permite ordenar la secuencia de los sucesos, estableciendo un pasado, un presente y un futuro, y cuya unidad en el sistema internacional es el segundo. Parte de la secuencia de los sucesos". Es decir, el tiempo es la duración de las cosas en el mundo físico sujeto a cambios.

En el contexto empresarial, la libertad de tiempo es la oportunidad de tener un horario flexible, es salir por completo del sistema económico, o más bien de la rutina diaria, y poder disfrutar de la vida al máximo incluyendo el pasar tiempo de calidad con la familia. También supone utilizar el tiempo en actividades productivas que puedan multiplicar la experiencia de una persona, ya sea el conocer nuevas culturas, ayudar a otros, aprender un nuevo idioma, compartir con amigos, vivir aventuras o cumplir sueños.

Es aquí donde aparece la libertad de tiempo para cambiar vidas, arreglar relaciones, unir familias y, sobre todo, educar al emprendedor con miras hacia el equilibrio personal.

Es capaz de transformar las jornadas en horarios flexibles que van a mejorar la vida emocional y personal. Por eso, el objetivo de este capítulo es educar a los emprendedores para que puedan liberarse de su negocio con la intención de obtener la libertad de disfrutar de tiempo y tener dinero suficiente para asegurar el estilo de vida deseado.

¿Por qué es necesario que una persona se libere de su negocio? La respuesta se puede encontrar en los siguientes motivos:

- Fortalecer la vida familiar.

- Mejorar las relaciones con los hijos.

- Disfrutar de la vida.

- Mejorar la parte psicológica y emocional.

- Sentirse realizado.

- Tener tiempo para crecer como persona.

Cualquier persona puede emprender, ya sea joven o adulto, se puede a cualquier edad, lo importante es la voluntad que se tenga. Tampoco es necesario ser rico o pertenecer a una familia adinerada, centenares de emprendedores que han logrado la libertad empezaron de cero.

Dudas a la hora de conseguir la libertad

Cuando se menciona la palabra libertad y emprendimiento, pueden surgir distintas preguntas por parte del emprendedor. Es posible que lo vea inalcanzable, y si es dueño de una o varias empresas, puede percibir extrañado la insistencia de liberarse de su propio negocio. A raíz de esta circunstancia, se le ha dado respuesta a muchos de los mitos que rondan sobre la libertad de tiempo y dinero junto al emprendimiento inteligente.

Duda 1: Si se es un empleado, ¿es necesario abandonar el puesto de trabajo para emprender?

La experiencia dice que abandonar el trabajo a la hora de obtener la libertad económica, es una cuestión personal. Una persona puede realizar las actividades de su cargo como empleado mientras se dispone a crear un negocio. ¿Cómo es posible? Sencillamente destina el tiempo libre en la gestión de su nueva idea empresarial, utiliza el conocimiento obtenido en el trabajo para optimizar sus funciones. La clave es administrar el tiempo, lograr un compromiso entre ambas partes y lo principal es mantenerse firme en cuanto a las convicciones.

Duda 2: ¿Un adulto mayor puede obtener la libertad económica?

Esta pregunta la puede responder el fundador de KFC (Kentucky Fried Chicken), Harland David Sanders, también conocido como Coronel Sanders o Coronel Kentucky, quien aprovechó la fama de sus pollos fritos para expandirse por todo el planeta. La primera franquicia la abrió cuando tenía 62 años de edad en el estado de Utah. En vez de aceptar su ancianidad sentado en una silla, leyendo el periódico y mirando el atardecer, se dedicó a explotar al máximo su receta de cocina, demostró que un adulto mayor también podía crear un negocio exitoso.

Duda 3: ¿Una persona que desee emprender debe ser adinerada?

Son muchos los casos de emprendedores que obtuvieron la libertad empezando desde cero, tenían el apoyo de pocas personas e incluso fueron adoptados por familiares o amigos cercanos. Luchaban a diario para sobrevivir en una realidad en donde las oportunidades estaban escondidas. Aun así, se esforzaron para encontrar su propio camino, algunos tuvieron trabajos regulares, otros ganaban un par de centavos, sin embargo, abrieron los ojos y comenzaron a luchar con la esperanza de salir de su zona de confort.

Los ejemplos de emprendedores que fueron pobres antes de volverse millonarios son muchos, mencionarlos a todos se llevaría bastante tiempo, por eso a continuación se nombran algunos:

- Larry Ellison, fundador de Oracle, vivió en un barrio humilde y casi se gradúa en la carrera de Ciencias de la Computación en la Universidad de Chicago.

- Oprah Winfrey, periodista y una de las comunicadoras más influyentes del mundo, tuvo una infancia difícil puesto que fue criada por su abuela, quien disponía de pocos recursos monetarios para comprarle ropa. En la actualidad tiene su propio programa de televisión y una exorbitante fortuna.

- Howard Schultz, presidente de Starbucks, creció en una zona extremadamente pobre. Se sumergió por completo en el deporte hasta el punto de ganarse una beca deportiva en la Universidad de Northern Michigan. Luego de graduarse entró a trabajar en Xerox, pero renunció para convertirse en uno de los hombres más adinerados del mundo al dedicarse de lleno a Starbucks.

- Do Wong Chan —creador de la tienda de ropa Forever 21—, tuvo tres trabajos (conserje, empleado de una gasolinera y mesero), cuando vino a Estados Unidos en busca de oportunidades, quería mantener a su esposa y a sus dos hijas, quienes lo motivaron a salir adelante.

Duda 4: ¿Para emprender se debe tener una profesión o ser una persona estudiada e intelectual?

Esta duda es una de las más polémicas en el mundo, existen opiniones diversas sobre la verdadera naturaleza del emprendimiento. La primera es la creencia de que, para obtener la supremacía económica, es necesario tener un título universitario, ser inteligente, saber casi de todo, es decir, se debe tener una profesión para crear un negocio exitoso. La contraparte argumenta que cualquier individuo con voluntad más las ganas de salir adelante, lo pueden catapultar hacia el camino de la libertad económica. ¿Cuál es la verdadera respuesta?

La realidad demuestra que la iniciativa junto a la voluntad, es uno de los pilares más importantes a la hora de crear estrategias orientadas a la libertad económica. Cualquier persona con sus cinco sentidos puede tener la facultad de crear un negocio productivo, ya sea el más inteligente del mundo o alguien con una inteligencia promedio. Los resultados se obtendrán en un determinado periodo según las acciones y las estrategias.

¡La vida es un umbral de diferencias! ¿Cómo un pésimo estudiante pudo sacar adelante una empresa exitosa, mientras sus compañeros que más se destacaron académicamente terminaron trabajando en un puesto cualquiera? O también ¿cómo es posible que una persona que fue un estudiante promedio en el bachillerato, ahora factura miles de dólares mensuales comparado al salario (sueldo mínimo) de sus compañeros que se destacaron por ser excelentes estudiantes? ¿Cómo un analfabeto gana millones de dólares con su negocio mientras un titulado a duras penas le alcanza para comer? ¿Cómo un jovenzuelo de 15 años tiene casa, carro, acciones en la bolsa de valores solo por usar internet, mientras que un adulto tiene dolores de cabeza por sus responsabilidades?

Duda 5: ¿Importa el talento de un emprendedor en vez del sector en el que se escoja el negocio?

La respuesta es cuestionable. El talento es importante desde un punto de vista crítico, si se usa en beneficio los resultados serán prometedores a corto, mediano o largo plazo, aunque eso sea subjetivo a la hora de visualizar el crecimiento de una empresa en un determinado mercado. ¿Por qué? Pues bien, es necesario analizar los factores externos: ciclo económico, movimiento financiero en la zona, número de clientes potenciales, entre otros. Los emprendedores que escogieron el sector tecnológico han tenido mayor rentabilidad en comparación a los que se decidieron, por ejemplo, en el sector turístico. ¿La pandemia del covid-19 se encargó de quebrar los negocios de empresarios talentosos? ¿Las empresas de turismo tuvieron ganancias durante la cuarentena? ¿Qué sectores de la economía se salvaron de las garras de la pandemia? Las respuestas hablan por sí solas.

La libertad de tiempo y dinero se encuentran en las manos de cada individuo con miras al éxito, si quiere salir del silencioso esclavismo financiero, debe luchar de manera estratégica para obtener esa libertad tan anhelada. Cuando se llega a la vejez es común tener el deseo de disfrutar de los frutos del trabajo realizado en la juventud, es posible que a esa edad se pueda estar enfermo mientras la muerte llama a la puerta, ¿qué va a disfrutar un anciano cansado e incluso con una enfermedad terminal? ¿Se sentirá feliz cobrando una pensión cada treinta días sabiendo que lo va a utilizar para pagar las medicinas?

En cuanto a la vida familiar vale la pena preguntarse: ¿Es posible terminar una relación sentimental de muchos años porque el tiempo es poco para fortalecerla? ¿Una pareja puede alcanzar la felicidad, aunque la comunicación sea nula, salga de vez en cuando y tenga intimidad cada dos meses? ¿Existe una buena relación entre padres ocupados que dedican una hora semanal a los hijos? ¿Alguien puede disfrutar del dinero, usar el tiempo a su favor, disfrutar de la vida a pesar de faltarle años para jubilarse? O también, ¿una persona puede jubilarse siendo joven?

Las preguntas anteriores son parte de un hecho visible en la actualidad: millones de personas en el mundo desean tener un horario flexible en el trabajo y que les alcance el dinero, desean ir hacia una libertad fidedigna, anhelan un cambio crucial en el que el progreso y las oportunidades se abran como ríos torrenciales. ¿Cómo es posible llegar a cumplir los sueños? Para hallar la respuesta es necesario abarcar la información del siguiente capítulo, donde se van a descifrar los secretos de los emprendedores más exitosos del mundo, o más bien, una persona que tiene un estilo de vida atractivo, que viaja y disfruta, que posee un horario flexible dándole tiempo para realizar actividades productivas. ¡Es hora de conocer el perfil de los nuevos emprendedores millonarios!

Capítulo 2. Perfil de los nuevos emprendedores millonarios

El ser humano por naturaleza tiende a seguir el comportamiento de sus demás semejantes o apropiarse de una creencia en particular. Cuando un niño adquiere conciencia de sí mismo absorbe como una esponja la información de su alrededor, sigue parámetros establecidos, aprende la forma de actuar junto a las expresiones de los adultos, las imita hasta el punto de desarrollarlas como parte de su personalidad. En los animales también sucede lo mismo, las crías observan las acciones de sus padres, cuando crecen ya habrán aprendido lo necesario para conseguir alimento y defenderse en el entorno.

Estos tipos de conductas son normales, siempre va a existir una cabeza que se encarga de enseñarle conocimientos a una masa de personas. Eso sí, cada quien tiene una personalidad única e inconfundible, sin embargo, cuando alguien es un emprendedor debe de tener muy clara la necesidad de reaprender, es decir, estar abierto a hacer diversos cambios en su vida tanto psicológicas como personales. ¿Acaso una persona con pensamientos y acciones en contravía a lo positivo, puede obtener el éxito y pensar en ser libre económicamente? ¿Alguien tímido podría pararse a exponer su proyecto delante de veinte inversionistas reconocidos? ¿Un individuo grosero, prepotente y sabelotodo, puede soñar con conocer inversionistas que estén intelectualmente por encima de él? E incluso ¿si es demasiado terco cabe la posibilidad de que acepte críticas constructivas? Sin duda la respuesta es obvia.

La comunicación es uno de los pilares más importantes de una sociedad, gracias a ella los seres humanos se pueden entender, existen las leyes, el conocimiento y otros avances que unidos se encargan de llevar el progreso a toda la sociedad, ¿por qué? Pues bien, porque la comunicación es una habilidad fundamental a la hora de expresar ideas, compartir opiniones, construir ideales, entre miles de beneficios más. La Real Academia Española la define como: "Acción y efecto de comunicar o comunicarse. Trato, correspondencia entre dos o más personas. Transmisión de señales mediante un código común al emisor y al receptor. Unión que se establece entre ciertas cosas, tales como mares, pueblos, casas o habitaciones, mediante pasos, crujías, escaleras, vías, canales, cables y otros recursos".

Usándola se puede llegar a la cúspide del éxito, por ello, en este capítulo se va a compartir información privilegiada sobre el perfil de los nuevos emprendedores millonarios, quienes han obtenido la libertad en todos los aspectos de la vida, usando la comunicación asertiva y demás hábitos que les han abierto las puertas a oportunidades grandiosas. ¿Cómo son sus hábitos? ¿Cómo es su día a día? ¿Qué estilo de vida tienen? ¿Qué cualidades debe poseer un emprendedor con miras a la libertad? Esto y mucho más será respondido a lo largo del capítulo.

Para el ser humano existe la notable necesidad de aprender de la experiencia de los demás, es una forma de evitar algún incidente o de llevar a la acción métodos ya aplicados por personas que han obtenido éxito. Es una fórmula que se ha repetido por miles de años, las personas aprenden y toman una decisión según las opiniones que se tengan respecto a un tema en particular, por ejemplo, cuando se ve un video de YouTube que habla sobre un truco para ganar dinero en internet, enseguida los internautas se dirigen a la sección de comentarios, allí se cercioran si dicho contenido es fidedigno. También sucede al momento de descargar una aplicación, la experiencia de los que ya lo han descargado es la punta del iceberg para decidirse a darle clic al botón de descarga.

Entrando al contexto empresarial, es común buscar ayuda a la hora de mejorar como emprendedores, se necesita un guía capaz de hacerle ver a la persona cuestiones que ha ignorado por su poca experiencia, es allí en donde entran los consejos y trucos para volverse un emprendedor libre. Para empezar, es fundamental hablar sobre los hábitos de estos tipos de emprendedores.

Si alguien es un emprendedor, lo recomendable es que se haga las siguientes preguntas:

- ¿Conoces tus defectos, cualidades y limitaciones?

- ¿Te han servido todos los hábitos para lograr la libertad? O ¿sientes que te hace falta algo para alcanzarla?

- ¿Quieres aprender de los mejores e imitar sus hábitos para alcanzar la libertad económica?

Si la última pregunta es afirmativa, entonces la siguiente información será de gran ayuda para quienes desean saber por dónde empezar. ¡Es hora de conocer los hábitos de los nuevos emprendedores millonarios!

Hábito 1: El poder de madrugar

Aunque este hábito puede ser refutado fácilmente, la realidad es que cuando alguien madruga puede obtener distintos beneficios tanto en la salud como en su vida personal. Según un estudio realizado por el departamento de psicología de la Universidad de Toronto, las personas que madrugan presentan emociones positivas, son estables en cuanto a su personalidad, piensan de manera óptima y tienen buena salud.

Dicha investigación es avalada por la propia ciencia: quienes madrugan liberan endorfinas que se encargan de mantener la energía y vitalidad necesarias durante todo el día. Además, el metabolismo del cuerpo trabaja muy bien y la exposición a los rayos solares durante las 7:30 a.m. hasta las 9 a.m. puede nutrir los huesos. Es posible encontrar personas que se levantan tarde y pasan todo el día bostezando y sin ganas de nada, e incluso pueden tener pensamientos poco favorables, se deprimen con facilidad y lo único que hablan son de cosas que van en contravía a lo positivo.

Otro beneficio es tener la facilidad de optimizar el día, es decir, a una persona madrugadora le rinde el tiempo, termina sus actividades antes de que se oculte el sol.

Así dice un refrán popular: *"Al que madruga Dios le ayuda"*.

Hábito 2: Ser responsable

El mundo está lleno de excusas, si se llega tarde es por el tránsito, si se envía un proyecto atrasado a través del correo electrónico es porque el internet estaba lento o lo habían cortado; si se tarda en responder un mensaje la excusa es que apenas lo vio o se le olvidó responder.

Son una infinidad de excusas que inundan las almas humanas, justifican la poca acción en originales pretextos que poco a poco los catapultan a una vida llena de justificaciones inventadas. El cerebro se acostumbra a inventar historias ficticias para darle peso a una supuesta verdad según una conveniencia. ¿Es realmente bueno hacer esto? La respuesta es subjetiva, sin embargo, vivir en un ambiente constante de excusas podría tener consecuencias no tan positivas para un emprendedor.

Es común planear con anterioridad ciertas actividades para el día siguiente, pero cuando llega el momento se cambian de manera abrupta, ¿cómo sale un individuo de una responsabilidad? Pues bien, a través de una excusa.

Ejemplos de excusas:

- Planear hacer ejercicios, pero cambiarlo a última hora por flojera o por cansancio.

- Aplicar una dieta para bajar de peso, sin embargo, a escondidas se come varios gramos de chocolate.

- Disponerse a leer un libro sobre el emprendimiento, se hojea y como tiene muchísimas páginas se toma la decisión de leerlo el fin de semana. Cuando llega el sábado y el domingo, se le olvida ese pendiente.

- Planear una reunión con amigos, pero se deja de ir porque van a dar los nuevos capítulos de una serie famosa o porque hace demasiado calor.

- Llegar tarde a una reunión con varios inversionistas, la excusa ha sido un trancón en la avenida 54. La realidad es otra: se levantó tarde y tenía flojera para venir.

Lo anterior es solo la punta de las excusas, existen más de un millón, si se llegan a mencionar se llevarían más de un billón de palabras, ¡la creatividad humana es inigualable!

A continuación, se enumeran los beneficios de ser responsables:

1) Crea credibilidad.

2) Aumenta la confianza.

3) Abre oportunidades valiosas.

4) Fomenta el progreso.

5) Mejora la escala laboral.

Hábito 3: La gratitud

Según la Real Academia Española la gratitud es: "Sentimiento que obliga a una persona a estimar el beneficio o favor que otra le ha hecho o ha querido hacer, y a corresponderle de alguna manera". Además, el Kernerman English Multilingual Dictionary la define como "Sentimiento de agradecimiento de una persona hacia otra que le proporcionó un beneficio". El significado de la gratitud es muy claro, involucra el agradecer una acción beneficiosa de la misma manera o a través de otras fuentes, ya sea material e inmaterial.

El poder de dar las gracias es tan grande que beneficia desde todos los aspectos a una persona, haciéndola más positiva, accesible, sociable e incluso feliz. Practicar la gratitud atrae las energías positivas, cultiva el bienestar personal, disminuye el estrés y un sinnúmero de patologías que pueden intervenir en la vida emocional de un ser humano.

La ciencia avala de manera firme las razones por las cuales es fundamental cultivar la gratitud, puesto que el hipotálamo se activa cuando se agradece o se realiza una acción de altruismo, siendo el último una forma de estimular la liberación de dopamina —sustancia que regula el placer en el cerebro, estimula la realización de actividades placenteras y tiene un efecto analgésico en los dolores físicos y emocionales—.

Una persona que vive agradecida atrae en su vida amistades positivas y productivas, se abre a nuevas oportunidades laborales porque la gente le tiene confianza. ¿Por qué la gratitud es tan importante en un emprendedor? La respuesta se puede encontrar en el siguiente caso:

Pedro es un emprendedor que ha obtenido la libertad financiera a través de la inversión y el delegar funciones en la mayoría de sus negocios. A pesar de tener un carro avalado en miles de dólares, una lujosa casa y una millonaria fortuna, siempre se le destaca por su humildad y gratitud. Cuando el chofer le abre la puerta, le da las gracias, si la empleada doméstica le trae el café, le da las gracias, cuando un empleado expone un proyecto en la oficina, le da las gracias por su intervención.

La gente a su alrededor le tienen respeto y lo admiran demasiado. Actúa de manera diferente en comparación a sus colegas multimillonarios, quienes estiran el cuello e ignoran a casi todo el mundo. Un día sus amigos le hacen una fiesta sorpresa junto a un homenaje por ser una persona de buenos sentimientos, le entregan las llaves de la ciudad.

El caso anterior es un claro ejemplo de una realidad incuestionable: cuando alguien se la vive agradecido, las circunstancias van a cambiar de manera positiva, atrae las buenas energías del universo. ¡Es momento de conocer la importancia de la gratitud!

- Aumenta la felicidad, la relajación y las risas.

- Mejora el sueño.

- Ayuda a ver las situaciones con optimismo.

- Cultiva la paz emocional.

- Crea lazos fuertes con las personas alrededor.

"La gratitud abre la puerta al poder, a la sabiduría y a la creatividad del universo. Tú abres la puerta a través de la gratitud". Deepak Chopra

Hábito 4: Dejar lo más fácil para después

Es común empezar por lo más fácil porque se puede salir de ella en un abrir y cerrar de ojos, sin embargo, es contraproducente en el ámbito productivo. Dejar lo fácil para lo último da como resultado el terminar una actividad importante que puede darle muchos beneficios a la persona. Hay que recordar que cuando algo exige compromiso, constancia, enfoque, responsabilidad a un nivel elevado, es porque vale mucho. Para entenderlo es necesario tener en cuenta la siguiente situación:

Un emprendedor tiene diferentes tareas en un día:

1) Redactar una carta para un par de proveedores.

2) Revisar el informe de contabilidad.

3) Tener una reunión con tres inversionistas del extranjero.

4) Operar en el mercado de divisas en una determinada hora para obtener excelentes ganancias.

Él empieza por revisar el informe de contabilidad, lo hace en tan solo media hora, pero se queda dialogando con el contador público sobre temas personales, han pasado tres horas.

Luego, redacta la carta para dos proveedores que le van a traer materia prima dentro de dos meses, lo termina en dos horas.

Las tres horas que quedan las usa para operar en el mercado de divisas, aplaza la reunión con los inversores. Sin embargo, se da cuenta de que el tiempo dispuesto para invertir es poco apropiado.

¿Cuál fue el desacierto del emprendedor? La respuesta es obvia, prefirió realizar lo más fácil. El tiempo que le quedaba era corto para poder reunirse con los inversores.

Importancia de hacer lo más difícil primero:

- Se tiene mucha energía a la hora de realizar una tarea complicada.

- Optimiza el tiempo.

- Conduce a obtener ventaja productiva y competitiva.

- Los resultados tienden a ser máximos en las tareas difíciles.

- Aumenta el rendimiento cognoscitivo.

Una regla de oro en el mundo del emprendimiento es la siguiente: *"Cuando un proyecto exige sobrepasar los límites de una persona, requiere de constancia y compromiso, eso quiere decir que se esconde una gran fortuna"*.

Hábito 5: Remover los distractores

La sociedad de hoy tiene muchos distractores que pueden desviar la atención de una persona, por ejemplo: el ruido del tráfico, el sonido de la televisión, las imágenes atractivas de los videojuegos, los gritos de un niño, y un sinfín de distracciones. Además, mucha gente piensa que trabajar rodeado de distractores, es una forma de demostrar una inteligencia suprema e incluso el hacer varias actividades al mismo tiempo. ¿Realmente es correcto lo anterior?

La experiencia es muy clara, las distracciones son como un barro en la productividad empresarial. Es capaz de intervenir en la calidad de un proyecto. Si alguien se encuentra trabajando o realizando un proyecto importante, es recomendable que deje el teléfono a un lado si es de poco uso en dicho proceso laboral. También puede irse a una habitación silenciosa, la idea es utilizar el trabajo profundo para alcanzar un nivel óptimo de productividad.

La práctica del trabajo profundo se encuentra explicada en el libro "Deep Work", escrito por Cal Newport —autor de varios libros centrados en la forma de vivir en un mundo lleno de distracciones—. Aquí se explican diversas maneras de aprovechar el tiempo sin caer en los distractores comunes, y de esta forma hacer un trabajo de alta calidad.

Una estrategia que mis lectores han reportado como efectiva es la proporción entre profundo-superficial. Para más detalle, habla con tu jefe sobre el trabajo profundo y el trabajo superficial. Hazle notar que los dos son importantes. Luego intenta trabajar con todos para determinar cuál es la proporción ideal entre trabajo superficial y profundo que debería llevarse a cabo en una semana específica. Es decir, qué fracción de las horas de trabajo en una semana normal debería ser profunda y qué fracción debería ser superficial. Una vez que hayan acordado esa proporción, empieza a contabilizar tu tiempo y a

hacer reportes sobre cómo te ha ido. Si consistentemente te quedas corto, pueden trabajar juntos para idear un plan que te ayude a alcanzar tu proporción óptima. En la práctica, estos planes terminan por incluir tiempos fijos sólo para el deep work, apoyados por tu jefe.
(Cal Newport, 2019)

El consejo es sumergirse por completo en una sola tarea a través del enfoque. ¿Es posible que alguien digite de forma correcta un número de treinta cifras si a cada rato revisa el celular? Para entender la importancia del enfoque es recomendable realizar el siguiente ejercicio:

Escoge un día cualquiera, consigue un lugar calmado, donde el silencio sea tu único acompañante. Deja el celular en otro espacio, solo debes tener el computador (abre las pestañas que vayas a utilizar) y las herramientas de trabajo. Realiza tu actividad completamente enfocado y mira el reloj, anota la hora de comienzo. Cuando lo termines, vuelves a observar las manecillas del reloj y anota el tiempo de finalización. Además, revisa el proyecto en busca de erratas, si los hay escríbelo en tu agenda.

Al siguiente día busca un lugar con sonidos molestos, puedes hacerlo en la sala e incluso en la terraza. Tienes derecho a revisar tu celular cuando quieras, si deseas escuchar música, hazlo como lo prefieras así sea que el sonido esté fuerte. Anota el tiempo de inicio y cuando finalices, compara los resultados. Y hazte las siguientes preguntas: ¿En cuáles circunstancias terminaste más rápido? ¿Cómo te sentiste en el primer y segundo día? ¿Qué conclusiones sacaste?

Hábito 6: Diseñar procedimientos ordenados

Sistematizar procesos es una de las mejores técnicas en el mundo del emprendimiento, ¿por qué? La respuesta es sencilla, cuando se hacen procedimientos ordenados se logra una optimización en las operaciones de cualquier proyecto porque cada elemento sabe lo que debe hacer. Todos se complementan y tienen un único objetivo: el lograr resultados prometedores, volviéndose más predecibles.

¿Cómo sistematizar un proceso? Se debe documentar cada actividad concerniente al proyecto, con el fin de dividir las tareas para ir hacia un resultado en específico. Por ejemplo: El proceso de atención al cliente en un restaurante es el siguiente:

Paso 1: El cliente realiza un pedido

Paso 2: El mesero recoge el pedido

Paso 3: La cocina elabora lo solicitado

Paso 4: Despacha el pedido

Paso 5: El mesero le entrega el pedido al cliente

Paso 6: El cliente paga el pedido

Paso 7: La caja recibe el dinero

Cada uno de los protagonistas contribuye a través de sus funciones en la operacionalidad del negocio.

Importancia de sistematizar:

- Ahorra tiempo y dinero.

- Permite liberar tiempo para dedicarlo a otras áreas importantes.

- Aumenta las probabilidades de obtener ganancias y resultados positivos.

¿Por qué empresas como McDonald's, Amazon, Microsoft y Apple han obtenido el éxito? Pues bien, porque utilizan procedimientos ordenados a la hora de llevar a cabo sus funciones. Cada cargo es una pieza importante para poder prestar un excelente servicio, desde los altos ejecutivos hasta el mensajero que entrega el pedido.

Hábito 7: El poder de la lectura

Leer es una de las mejores técnicas a la hora de aprender sobre una determinada temática, insta al razonamiento crítico y al intercambio de conocimiento. La lectura se puede definir como el alimento de la mente porque potencia el funcionamiento de las neuronas, en pocas palabras, nutre de manera formidable al cerebro.

Si un emprendedor desea progresar en todos los sentidos, es necesario que lea libros sobre temáticas vinculadas al emprendimiento, la administración del dinero, los recursos y todo lo que se relacione; de esta forma podrá cultivar a largo plazo un conocimiento que lo llevará a las puertas de su propia libertad económica.

¿Qué otro beneficio tiene la lectura en una persona? Pues bien, dichos beneficios se resumen a continuación:

- Permite estar actualizado en cuanto a los movimientos del mercado.

- Ayuda a tomar decisiones frente a un tema desconocido.

- Cultiva la concentración.

- Aumenta el razonamiento.

- Clarifica las ideas.

- Guía a técnicas beneficiosas que otros desconocían.

- Previene la deformación cognitiva, por ejemplo, el Alzheimer.

Hacer que la lectura sea parte de la vida trae regocijo tanto intelectual como personal, permite entrar a contenido de valor, donde la experiencia se comparte y le cambia la vida a cualquier persona. Aquí la información se expande como las abejas que revolotean en las flores y llevan el polen a las distintas plantas del jardín, por decirlo de alguna forma. La lectura trasciende la realidad y la vuelve más comprensible, es una vitamina para el alma (emocional) y la mente (intelectual).

Hay muchos emprendedores que utilizan la lectura como una luz a la hora de tomar decisiones e incluso para mantenerse informados. A continuación, se presentan los siguientes ejemplos:

Warren Buffet, un destacado empresario que ha logrado la libertad a través de inversiones rentables, cuenta que lee entre tres a seis horas artículos de periódicos diariamente. También ha revisado centenares de páginas de diferentes libros sobre temas de carácter financiero, y todo esto lo hace con el fin de acumular conocimiento y poderlo llevar a la práctica.

Elon Musk —cofundador de Paypal, SpaceX, Tesla Motors, SolarCity—, cuenta que de niño leía un poco más de seis horas libros de ciencia ficción, permitiéndole soñar en grande y verse a futuro como un precursor de los viajes espaciales.

Por su parte, Mark Zuckerberg, CEO de Facebook —una de las redes sociales más populares del mundo—, se dedica a leer un libro por semana, sus temas favoritos son: culturas en el mundo, historia de la humanidad y tecnología.

Bill Gates también se dedica a leer un libro por semana, prefiere los temas vinculados a la administración, ingeniería y ciencia.

¿Cómo tener el hábito de la lectura? Lo primero es ser consciente de la necesidad de aprender a través de un libro, al tener eso se está desarrollando la voluntad. Es recomendable empezar por un número reducido de páginas y leer sobre un tema que a una persona le llame la atención. Por ejemplo, el primer día leer dos páginas, al siguiente cuatro, y así sucesivamente hasta llegar a un límite de páginas, haciéndolo constante.

Cuando oigo que un hombre tiene el hábito de la lectura, estoy predispuesto a pensar bien de él. Nicolás de Avellaneda.

Hábito 8: Trabajar dentro del horario biológico

A la hora de mejorar la productividad laboral y optimizar el tiempo haciendo una determinada tarea, es necesario tener en cuenta el horario biológico o también llamado ritmo circadiano, ¿en qué consiste? Pues trata sobre la adaptación a la luz, a la temperatura y a procesos fisiológicos que tiene una persona. Por lo tanto, existen seres humanos que son más activos de día que de noche, y viceversa. ¿Por qué es importante saber el horario biológico? Porque va a influir en la productividad

Personas alondras: Se caracterizan por ser matutinas, es decir, se levantan temprano y tienden a dormir cuando el sol se ha ido. Este tipo de personas es común encontrarlas en empresas con horarios entre las 7:00 a.m. a 5 p.m. o también llamado horario de oficina. Tienen la facilidad de madrugar y despertar con mucha energía, les da tiempo incluso para verse su serie favorita antes de ir al trabajo. A medida que el sol se está poniendo para darle paso a la luna, sienten la necesidad de descansar.

Personas nocturnas: Son más activas en la noche, sus cerebros piensan con más claridad después del atardecer, e incluso es el horario más tranquilo puesto que ha disminuido el ruido exterior. Tienen el súper poder de trasnochar y hacer las actividades de manera óptima. Por ejemplo, muchos escritores y locutores de Podcast prefieren trabajar durante altas horas de la noche porque hay un ambiente tranquilo y silencioso. También los vigilantes con turnos de noche-madrugada, tienden a incorporar el noctambulismo para poder realizar sus funciones laborales.

Intermedio: Se caracterizan por tener un horario equilibrado o adquirir cualquiera de las dos tipologías mencionadas con anterioridad. Pueden levantarse temprano y trasnochar, según las necesidades que tengan en el día. En pocas palabras, presentan una versatilidad biológica. Son personas capaces de manejar su energía corporal si se quieren adaptar a una circunstancia, por ejemplo, si consiguen un trabajo en un bar nocturno, harán muy bien sus funciones de la misma forma en que si les tocara en una empresa, cuya hora de entrada sea las 7:30 a.m.

Conocer el horario biológico es fundamental si se quiere ser el mejor, cuando las energías están al 100% existe una alta probabilidad de lograr resultados prometedores. Lo importante es trabajar con los cinco sentidos activados.

Hábito 9: Crear un ambiente agradable

Es satisfactorio poder trabajar en la tranquilidad absoluta, donde todo se encuentra puesto en su lugar y un olor perfumado invade el ambiente. Los alrededores parecen un templo de meditación porque se encuentran libres de sonidos poco favorables. Aquí se puede trabajar cómodo, ¡este es el sueño de muchas personas en el planeta!

¿Cómo se puede conseguir un ambiente favorable? La respuesta se encuentra en los siguientes pasos:

Paso 1: Selecciona una habitación alejada de los sonidos ambientales, es posible que se tenga un estudio o una biblioteca personal.

Paso 2: Pinta el lugar de acuerdo a tu profesión, o bien, a lo que te dedicas, es recomendable usar colores neutros. Por ejemplo: si eres un escritor puedes utilizar colores como el blanco, o si te dedicas a la pintura, es posible que tengas una amalgama de colores puestos en la pared.

Paso 3: Personaliza el ambiente para que te sientas cómodo, ya sea colocando tus pinturas favoritas, objetos preciados, la foto de graduación de tu hijo e incluso tus libros favoritos.

Paso 4: Organiza la habitación para obtener un rendimiento fenomenal en el trabajo, es importante porque optimiza el tiempo de búsqueda de alguna herramienta que se necesite.

Paso 5: Mantener la habitación en perfectas condiciones.

Hábito 10: Buscar nuevas oportunidades

Según la Real Academia Española, la oportunidad se refiere a: "Momento o circunstancia oportunos o convenientes para algo. Es decir, es una circunstancia apropiada para conseguir un beneficio.

Los emprendedores que han obtenido la libertad financiera se destacan por su espíritu proactivo, tratan de tomar el control de la situación y expandirse a nuevos horizontes. Son tan inquietos que constantemente se involucran en proyectos interesantes y con mucha rentabilidad. Han aprendido el valor de moverse de aquí para allá en busca de puertas que puedan darles mayor libertad económica.

Cuando se busca nuevas oportunidades, se debe tener una mente abierta, ser demasiado comprensible porque en el mundo existen diferentes ideas y pensamientos, lo importante es saber escuchar para poder tomar una decisión. Identificar y aprovechar las oportunidades es indispensable a la hora de sacarle el máximo rendimiento a una empresa, puesto que su futuro va a depender de ella.

Abrir muchas puertas desde un punto de vista comparativo, aumenta las posibilidades de encontrar soluciones y, sobre todo, permite evolucionar a distintos panoramas que pueden beneficiar hasta un punto satisfactorio.

¿Dónde se buscan las oportunidades? La respuesta se puede encontrar analizando la naturaleza del emprendimiento, lo recomendable es relacionarse con personas que conozcan el sector, o ir a lugares destinados para ello. También existen plataformas que permiten la publicación y el acceso a oportunidades, es un entorno lleno de intercambios tanto laborales como de ayuda mutua. Las redes sociales han jugado un papel indispensable a la hora de unir emprendedores novatos y experimentados, un lugar en el que el conocimiento se comparte, hay retroalimentaciones unidas a consejos oportunos que pueden cambiar para siempre el destino de una organización o proyecto.

El éxito es donde la preparación y la oportunidad se encuentran. (Bobby Unser)

Al analizar los hábitos anteriores surge una pregunta: ¿Cuál es el día a día de los emprendedores que han obtenido la libertad tanto económica como personal? Una idea general es que estos personajes tienen tiempo para disfrutar de sus hobbies o estar más cerca de la familia. Poseen un horario flexible sin dejar a un lado las responsabilidades, incluso pueden delegar sus funciones a empleados talentosos mientras disfrutan de unas vacaciones en Egipto.

Los casos que se han expuesto en el hábito siete, titulado el poder de la lectura, es un claro ejemplo de la notable libertad que tienen los emprendedores más exitosos del mundo. ¿Cómo Mark Zurkerberg dispone de tiempo para leer un libro semanal, si tiene bajo su responsabilidad una de las redes sociales más utilizadas en el planeta? ¿Cómo Warren Buffet tiene tiempo para leer el periódico a diario, si posee un sinnúmero de negocios e inversiones? La respuesta es obvia, ellos han alcanzado la verdadera libertad.

Día a día de los nuevos emprendedores millonarios

Cada personalidad es diferente y la rutina diaria va a depender de los gustos de una persona o también el tipo de actividad que realice. Los nuevos emprendedores millonarios se caracterizan por reinventarse de manera constante, aprovechan al máximo sus atributos físicos, intelectuales o de personalidad, crean una audiencia hasta el punto de influir en sus vidas. Tienen muchas cosas en común: utilizan la tecnología para obtener buenos resultados, se acercan a las multitudes (audiencia), son empáticos y cada día comparten información útil.

Conocer en profundidad la vida de estos emprendedores, es importante a la hora de querer progresar como personas en busca de la verdadera libertad. Por lo tanto, se ha hecho un análisis de las actividades diarias que tienen los nuevos emprendedores millonarios...

Cuando un emprendedor se levanta lo hace en las primeras horas del día, se asea como cualquier mortal en un baño lujoso y se ejercita en su gimnasio privado para tener una buena salud. Luego se actualiza con las últimas noticias en el mundo, ya sea a través del periódico, una página web o el televisor. Como tienen una dieta recomendada por un nutricionista, solo comen ciertos alimentos ricos en vitaminas y minerales, de aquí sacan la energía suficiente para realizar las respectivas actividades antes de que llegue el mediodía.

Al terminar planean los asuntos pendientes, es usual que tengan una asistente o secretaria personal, quien se encarga de gestionarles su agenda privada. Allí priorizan las actividades más importantes, lo más común es monitorear las líneas de producción de cada negocio (si es el caso), lo hacen de manera presencial o a través de una videollamada. Si tiene una actividad netamente digital, revisa el crecimiento de su producto utilizando un software de análisis de datos: aumento de las ventas, número de reacciones, número de clientes potenciales que entran a la plataforma, porcentajes de clics, entre otras variables. También leen los comentarios de los consumidores con la finalidad de mejorar el servicio o producto.

Cuando llega la hora de almuerzo ya están libres, ¿por qué? Pues es sencillo, porque han aprovechado al máximo la mañana, además están tranquilos porque cuentan con un equipo de profesionales que van a sacar las inversiones o los negocios adelante. Lo único que hace el emprendedor con libertad económica es mantenerse al tanto de los últimos movimientos de sus negocios. ¿Qué hacen en las tardes? Apoyar a la familia e ir en busca de nuevas oportunidades.

Los nuevos emprendedores millonarios se distinguen de sus colegas porque tienen la facilidad de disfrutar del tiempo libre, mientras facturan miles de dólares semanales, trabajan pocas horas, y cuando lo desean pueden viajar a algún destino en particular. Mencionar el estilo de vida de los empresarios que han obtenido la libertad financiera, se tomaría un libro entero, por eso se ha propuesto los siguientes casos:

Caso de vida No. 1:

Andrea tiene 24 años de edad, vive en una ciudad ubicada en América, a pesar de ser tan joven, ha obtenido la libertad financiera escribiendo artículos en la web sobre becas para estudiantes en el extranjero. Tiene monetizada todas sus páginas, las ganancias oscilan los 20.000 a 50.000 dólares mensuales. Se levanta a las 6:30 a.m. para planear lo que hará en todo el día a través de su agenda digital. Luego revisa su correo electrónico y sorpresa: obtuvo trescientas visualizaciones en su blog mientras dormía, aumentando las ganancias por los anuncios puestos allí.

Cuando desayuna y se reposa por completo, se dirige a su biblioteca personal para leer sobre marketing digital, publicidad, SEO (posicionamiento en la web), copywriting (textos orientados a la venta) y diferentes temas de su interés. A ella le fascina obtener conocimiento y ponerlo en práctica con la intención de mejorar cada día sus artículos. Luego se dirige al gimnasio, hace sus ejercicios favoritos: trotar, saltar la cuerda, estirar y levantar con las piernas discos pesados. Socializa por un par de horas y cuando termina regresa a casa, allí planea los temas a tratar en su siguiente artículo, al mismo tiempo empaca las maletas para conocer una ciudad antigua en Europa y disfrutar de los placeres del entorno.

Después de varias horas llega a su destino, se instala en un hotel cinco estrellas, desempaca y se da un chapuzón en la piscina mientras sostiene un vaso de mojito —cóctel compuesto de agua mineral, ron, limón y eucalipto—. Su mente está tranquila porque sabe que, aunque está disfrutando, factura cada minuto.

Al pasar los minutos, decide acostarse en la cama para revisar las redes sociales, de pronto, se duerme. Al día siguiente prepara sus herramientas de trabajo, una cámara, un lapicero y una agenda. Al llegar a la ciudad antigua junto a un acompañante, se pone a describir los detalles que encuentra, toma las respectivas fotografías. En la noche sale a una discoteca cercana, allí socializa un poco y conoce nuevos amigos, disfruta del baile. Cuando le llega la cuenta, lo paga con una sonrisa en el rostro, puesto que tiene libertad económica.

Al llegar el final de la travesía, se dispone a redactar el artículo sobre la ciudad que recorrió el fin de semana pasado, compartiendo las experiencias adquiridas y las razones por las cuales vale la pena visitar dicha ciudad. Sube el texto en su página web, comparte la información en varios grupos y le envía el mensaje por correo electrónico a los suscriptores, quienes ingresaron los datos en un formulario para recibir las actualizaciones de Andrea. Al pasar los días el número de visualizaciones aumenta, así como las ganancias…

Caso de vida No. 2:

Pablo es un padre de familia ejemplar que ha obtenido la libertad financiera creando negocios en dos sectores de la economía: el de la salud y el comercial. Además, tiene inversiones en la bolsa de valores y ha comprado algunas acciones de importantes empresas nacionales e internacionales. Se levanta a las 6:00 a.m. para leer un versículo de la biblia, luego hace ejercicio en su gimnasio personal, al poco tiempo desayuna.

Lee el periódico en la sección de finanzas, allí se da cuenta de que el dólar ha bajado mucho, por lo tanto, decide comprar cierta cantidad a través de su cuenta bancaria. Revisa la agenda, tiene una reunión con uno de los socios que le maneja un negocio farmacéutico a 50 kilómetros. En la videollamada el socio le muestra el informe de ventas del último mes, Pablo le da consejos sobre las estrategias a seguir para mejorar las ventas.

Después de finalizar la videoconferencia, le ayuda a su hijo a realizar las tareas para luego jugar fútbol con él. A la 1 p.m. lo lleva al instituto y enseguida se dirige a su avión privado ubicado en el aeropuerto local, va a encontrarse con un inversor interesado en adquirir las acciones de una de sus empresas. Cuando llega se reúne con el inversionista, concretan el negocio. Luego, Pablo regresa a la ciudad, recoge a su esposa y la invita a ver el atardecer en un helicóptero.

Tener tiempo para la familia, ganar mucho dinero y hacer lo que más apasiona son ventajas a la hora de obtener la verdadera libertad. Es un estilo de vida en el que las cadenas han sido abiertas para pasar a un estado de felicidad, pero, ¿cuál es la fórmula para lograrlo? Un consejo es empezar desde el ser, es decir, incorporar cualidades internas que pueden ayudar en el proceso de ser una persona con muchos sueños, a un emprendedor que toma la iniciativa de salir adelante.

Cualidades de los nuevos emprendedores millonarios

¡Es hora de ir al grano! Los nuevos emprendedores millonarios se caracterizan por tener cultivadas las siguientes cualidades:

- Innovan: Los emprendedores que han logrado la libertad, se destacan por hacer cosas diferentes, sus ideas trascienden lo obvio a través de la originalidad. Se convierten en un referente porque siguen parámetros poco comunes, poseen una chispa única. Además, cuando crean un producto o servicio, tratan de personificarlo hasta el punto de diferenciarse entre la competencia.

- Hacen lo que más les gusta: El mayor placer del ser humano es dedicarse a lo que realmente le apasiona. El resultado será satisfacción personal, ganancias exorbitantes, servicios o productos de buena calidad y el éxito.

- Planean: Los emprendedores analizan cada paso, planean una decisión con mucho detenimiento porque saben que el futuro de la organización se encuentra en las decisiones. Planear es como un faro de luz que los ayuda a estar preparados frente a un terreno desconocido, y que los resultados se sepan con anterioridad. Por ejemplo, en un juego de ajedrez se planea los movimientos de las fichas de acuerdo a las decisiones del oponente, cuando la estrategia haya tomado forma y el plan ha rendido frutos, entonces se puede decir en dos movimientos: "Jaque mate".

- Saben manejar el dinero: Un emprendedor debe ser un excelente administrador del dinero, la fuente principal para adquirir materia prima, pagar obligaciones, nóminas y cualquier otro tipo de gastos. Manejar el dinero de manera apropiada trae ganancias, fortuna, oportunidades y progreso.

- Desarrollan el liderazgo: Ser un líder es una habilidad importante a la hora de influenciar las acciones y los pensamientos de un equipo para obtener resultados positivos. La sociedad humana funciona a través de jerarquías, en donde una cabeza guía al grupo hacia un objetivo en específico, trata de unir cada elemento asignándole funciones o cargos y motivándolo a cumplirlas. Toma la iniciativa frente a determinadas circunstancias, escucha sugerencias o comentarios, teniéndolas en cuenta para tomar una decisión. Es un ser capaz de enseñar, guiar, y explotar el potencial de su equipo.

- Aprovechan la tecnología al máximo: Un emprendedor utiliza la tecnología para su propio beneficio, se mantiene informado, investiga, indaga, y sobre todo se actualiza con lo último en el mercado, ¿cómo lo hace? Pues bien, usando las herramientas digitales a su favor porque sabe que obtendrá beneficios monetarios. También invierte en maquinaria avanzada para optimizar los procesos operativos en su negocio. Por ejemplo, el dueño de una empresa que hace frascos de plástico, compra una máquina de tecnología de punta capaz de cuadruplicar la cantidad de frascos creados por cinco máquinas viejas.

- Seleccionan al mejor talento: Tener la habilidad de seleccionar un equipo sólido es una tarea interesante, puesto que hay decenas de postulantes, quienes quieren una oportunidad de trabajo. El emprendedor debe estar capacitado para elegir su futuro equipo que esté comprometido al igual que él. Escoger al mejor talento hará que el negocio avance de manera considerable en poco tiempo.

- Dominan el arte de los negocios: Esto quiere decir que el emprendedor debe ser un experto estratega, "oler" por decirlo de alguna manera, cuando un negocio es rentable o con mucho potencial. Además, tiene que estar capacitado para negociar en pos de su beneficio, es decir, encontrarle a una propuesta más factores a favor que en contra.

- Solucionan los inconvenientes: Esta cualidad permite darle resolución a cualquier tipo de inconveniente. Un emprendedor debe hacerlo para que avance el negocio, y se vaya en sintonía con la misión y visión empresarial.

- Escuchan: El don de la escucha es indispensable porque hace parte del proceso comunicativo, en el que se encuentra un emisor y un receptor, ambos intercambian información útil. Por eso, a la hora de responder es fundamental haber entendido el mensaje del otro, esto fortalece los lazos de compañerismo, mejora la experiencia comunicativa, abre puertas, cambia vidas e incluso lleva al éxito, ¿por qué? Pues bien, porque el saber escuchar permite que dos personas o un grupo entero lleguen a la comprensión, como resultado el negocio transitará por un buen camino.

- Ambicionan: Los nuevos emprendedores sueñan en grande hasta el punto de convertir aquello en una realidad, se mueven constantemente en busca de nuevas oportunidades, seleccionan ofertas con alta rentabilidad, toman riesgos. Tienen claro qué quieren conseguir, hacia dónde se dirigen y la manera de llevarlo a cabo.

- Aprenden y evolucionan: Los nuevos emprendedores millonarios si caen, se levantan. Le sacan lo positivo a los obstáculos transformándolos en bendiciones. Tienen la capacidad de aprender de los errores, se reinventan según las circunstancias del mercado, y sobre todo evolucionan.

Aplicar las habilidades de los emprendedores que han logrado la libertad, es la clave para encontrar un camino propio, donde la persona pueda ser feliz desde lo más recóndito de su ser, encontrando el equilibrio interior y expandiéndose hacia el entorno que la rodea. Transformar la vieja personalidad por una nueva, es un gran paso a la hora de entrar al mundo del emprendimiento, porque permite adquirir nuevas habilidades para actuar frente a la vida.

Por otro lado, existe otra forma de lograr la libertad económica en un abrir y cerrar de ojos, esta se refiere a la habilidad de conocer el área, o más bien, el negocio en el que se desenvuelve el emprendedor, junto a la creación de la misión, visión y las metas para llegar muy lejos en la vida.

Capítulo 3. Conoce tu negocio (VTO)

Conocerse a sí mismo es una facultad importante a la hora de saber cómo se actúa y cómo se sienten los cambios repentinos en la vida cotidiana. En realidad, tiene una relación estrecha con el autoconocimiento que permite analizar, mejorar y transformar creencias e ideas en pos de la evolución personal. Sin duda una persona que se conoce a sí misma puede darse cuenta de sus propias acciones, es consciente de lo que debe cambiar para obtener lo que más anhela o también si quiere evitar situaciones poco gratificantes.

En el autoconocimiento salen a relucir reflexiones internas: ¿Hacia dónde se quiere llegar en la vida? ¿Por qué se está haciendo esto? ¿Por qué se quiere cambiar? ¿Cómo se logrará? Sin embargo, lo mencionado anteriormente abre las puertas a un tema indispensable en el emprendimiento, esta hace referencia a conocer de pies a cabeza el negocio en el que se está entrando, o bien, los negocios propios que ya se están manejando hace mucho tiempo.

Es lógico que, si un emprendedor desea invertir en un sector de la economía, se vea en la obligación de investigar con anterioridad el nicho y la naturaleza del negocio, también el saber las razones por las cuales quiere crearlo y hacia dónde desea llegar a largo plazo. La mayoría de los expertos en la materia aseguran que, para obtener la libertad, es necesario darle un sentido de propósito a un proyecto, es decir, realizarlo con razones coherentes y de peso. Por ejemplo, cuando se entra a un almacén de ropa un 24 de diciembre, ¿cuál es el propósito de comprar allí? Pues bien, adquirir una vestimenta bonita para estrenarlo ese día, sentirse cómodo. Ahora, ¿cómo se logró crear dicha oportunidad para adquirir ese producto? Realizando una serie de acciones de manera oportuna.

Si se analiza a la naturaleza, se puede observar que cada elemento existe por una razón que lo hace indispensable: las mariposas revolotean en los alrededores de una flor, se nutren y al mismo tiempo, se les pega el polen. Cuando van a otra flor, dejan los granos de polen, fecundándola a los pocos minutos. Esa misma flor fecundada, pasa por un proceso de gestación para crear un fruto. La fruta en un estado maduro va a alimentar a los primates, quienes expulsan en sus heces las semillas. Al caer dichas semillas en el suelo, se hunden y junto con el agua, se van a desarrollar para convertirse en un árbol, repitiéndose de nuevo el ciclo.

El ejemplo anterior es muy claro, cada elemento realiza una acción por un motivo en específico, el resultado es un beneficio que los ayuda a sobrevivir. Además, sale a relucir otro aspecto importante, y esto se refiere a la misión, ¿cuál es la misión de la mariposa, el árbol y los primates en ese tipo de entorno?

- La misión de la mariposa es la de fecundar las flores.

- La misión del árbol es alimentar a los primates.

- La misión de los primates es expulsar las semillas que se convertirán en un árbol.

Por lo tanto, en la vida empresarial sucede lo mismo, los aspectos (exteriores e interiores) benefician e intervienen en el futuro de un negocio, que a su vez cumple un papel importante en su propio entorno. Para conocer el negocio en el que se está a cargo, es necesario entender tres aspectos: la misión, la visión y las metas.

La misión

La misión se refiere al propósito que tiene una empresa desde su organización interna hasta el público en general. También es una declaración orientada a las motivaciones para alcanzar metas propuestas a partir de su concepción. Resume los objetivos y valores fundamentales, la empresa transmite lo que hace por los clientes, teniendo claro un enfoque que perdura en el tiempo. Características de la misión:

- Es completa y específica.

- Se adapta a una identidad.

- Refleja la esencia de la organización (la razón de ser).

- Corta pero sustancial.

- Es inspiradora y poderosa.

Ejemplos de misión de empresas exitosas:

Amazon: Nuestra misión es ser la empresa más centrada en el cliente de la Tierra. Esto es lo que une a los amazónicos en todos los equipos y geografías, ya que todos nos esforzamos por complacer a nuestros clientes y hacerles la vida más fácil, un producto, servicio e idea innovadores a la vez.

Apple: Apple intenta ofrecer la mejor experiencia de informática personal a estudiantes, educadores, profesionales creativos y consumidores de todo el mundo a través de sus innovadoras soluciones de hardware, software e Internet. Además de promover estilos de vida saludables, así como seguir capacitándose para renovar la empresa constantemente.

Ser una empresa de concursos y sorteos de excelencia competitiva mundialmente, por sus productos de alta calidad y confiabilidad.

Xiaomi: La misión de Xiaomi es cambiar la opinión del mundo hacia los productos chinos.

Microsoft: Nuestra misión es capacitar a todas las personas y organizaciones del planeta para que puedan lograr más.

YouTube: Nuestra misión es brindarles a todas las personas la oportunidad de expresarse y ver el mundo. Creemos que todos tenemos derecho a expresarnos y que el mundo es un lugar mejor cuando nos escuchamos, compartimos y desarrollamos una comunidad mediante nuestras historias.

Facebook: Dar a las personas el poder de construir una comunidad y acercar a la gente de todo el mundo entre sí.

Google: Organizar la información del mundo y hacer que sea útil y accesible para todos

Spotify: Brindar a las personas acceso a toda la música que deseen, en cualquier momento - de manera completamente legal y accesible.

Coca-Cola: Refrescar al mundo... Inspirar momentos de optimismo y felicidad... Crear valor y hacer la diferencia

Canva: Ser una compañía verdaderamente global; brindando a las personas el poder para diseñar y publicar en cualquier lugar.

McDonald 's: Entregar gran sabor, comida de alta calidad a nuestros clientes y proveer de una experiencia de clase mundial que los haga sentir bienvenidos y valorados.

¿Cómo crear la misión de un negocio?

La misión es como un cimiento que sirve para sostener las demás columnas, por decirlo de alguna manera, en este caso abarca los elementos constitutivos de un negocio; además es una forma de conocerlo en profundidad porque muestra en tan solo una frase las funciones propias de la organización. Para construir la misión, es necesario seguir los siguientes pasos:

Paso 1: Definir la identidad del negocio.

Paso 2: Visualizar e identificar el mercado en el que se va desenvolver la organización.

Paso 3: Definir cómo y por qué los clientes y empleados se van a beneficiar directa e indirectamente del negocio.

Paso 4: Demostrar por qué la empresa es diferente.

Paso 5: Reescribir la misión hasta lograr que impacte y sea inspirador.

También, se pueden tener en cuenta las siguientes preguntas a la hora de escribir la misión:

1. ¿Quiénes somos?

2. ¿Qué hacemos? ¿Qué representamos en el mercado? ¿Por qué lo hacemos?

3. ¿A qué mercados atendemos?

4. ¿Qué beneficios ofrecemos?

5. ¿La empresa resuelve una necesidad en el mercado?

La visión

La visión desde el contexto empresarial, se refiere a la capacidad de visualizar el futuro de un negocio, idea o proyecto. Es cruzar los límites del presente para expandirse hacia el futuro, es lo que se espera lograr a largo plazo. Además, establece una dirección definida a la hora de ejecutar, planificar y gestionar las estrategias de la empresa. La visión comunica las aspiraciones, las metas, los objetivos, o bien, los resultados generales que se espera tener en un determinado tiempo.

Es común confundir la visión con la ilusión, la añoranza, la esperanza e incluso con un vago deseo. La diferencia es que la primera se relaciona con la puesta en marcha de acciones concretas, orientadas a volver realidad una idea, es decir, un pensamiento cobra vida en el mundo exterior. Por su parte, una añoranza se puede esfumar como una burbuja que flota en el aire.

Las características de la visión son las siguientes:

- Motiva e inspira.

- Es una mirada hacia adelante.

- Refleja los valores fundamentales de una organización.

- Atrae beneficios y mejoras a través de una frase clara y concisa.

- Define la razón de ser de un negocio y hacia dónde se dirige en un determinado periodo.

- Construye el camino que llevará a un negocio a su siguiente fase.

- Es ambicioso pero realista.

Por otro lado, ¿por qué es importante la visión tanto en la vida personal de una persona como para las empresas? Pues bien, su importancia radica en que, a través de la visión, se puede trazar un camino específico que guiará en este caso, a la empresa, hacia su objetivo principal. Dicha imagen mental es clara y fuerte hasta el punto de ser un comodín, por decirlo de alguna manera, en la obtención de un resultado real a través de acciones reales. La visión viene del futuro para energizar el presente. Otros aspectos importantes de la visión son las siguientes:

- Es capaz de inspirar a la acción.

- Atrae ideas, iniciativas, y recursos orientados al éxito.

- Crea la voluntad para llevar a cabo una actividad y hacer que suceda un cambio.

- Hace que las organizaciones se comprometan, actúen con constancia a la hora de dar lo mejor de sí.

- Es una guía para crear planes, metas u objetivos.

- Ayuda a mantener a un equipo enfocado y unido.

Para entender la visión, es necesario ilustrarlo con el siguiente ejemplo: Robín es un jugador de baloncesto, en sus momentos de práctica y teniendo el balón en la mano, realiza ejercicios de visión, allí imagina hacer un tiro libre en el que la pelota atraviesa el aro. Cuando tiene un partido, comienza a recordar la visualización que tuvo días antes en la práctica, gracias a eso anota un punto importante para la clasificación del equipo.

Ejemplos de visión de empresas exitosas:

Amazon: Ser la empresa más centrada en el cliente del mundo, donde los clientes pueden descubrir cualquier cosa que puedan comprar online, y comprometerse a ofrecer los precios más bajos posibles.

Apple: Como visión; ser considerados por sus clientes y aliados estratégicos como una opción viable que ofrece soluciones y servicios basados principalmente en la innovación, tecnología avanzada, servicio y calidad que supere sus expectativas, además de la creatividad que poseen a la hora de crear nuevos productos distinguiéndose de la competencia, de manera que su valor añadido sea único.

Xiaomi: Innovación para todos.

Microsoft: Brindar mayor poder a la gente a través de un excelente software– en cualquier momento, en cualquier lugar y en cualquier dispositivo.

Google: Proporcionar acceso a la información del mundo en un solo clic.

Spotify: Tener momentos con música en cualquier lugar.

Coca-Cola: Ser un ciudadano global, responsable, que hace su aporte para un mundo mejor.

McDonald's: Ir hacia un crecimiento rentable y mejorar para servir comida deliciosa a más clientes, cada día y en todo el mundo.

Juan Valdez Café: Ser la marca de café premium colombiano preferida globalmente por su calidad y generación de bienestar en su entorno.

¿Cómo crear la visión de un negocio?

Crear una visión exige tener claridad, nitidez y ser detallado hasta el punto de sentir desde el corazón los aspectos más pequeños, es decir, lograr expresar en un párrafo corto o en una sola frase, lo que se quiere conseguir a futuro de una manera positiva, pero ¡ojo! Esta debe ser grande e inspiradora.

Paso 1: Cierra los ojos, visualiza tu proyecto, comienza a imaginar los resultados.

Paso 2: Concéntrate en la esencia principal de tu negocio, relaciónalo con lo quieres obtener dentro de 10 años, 15 años...

Paso 3: Plantea cómo lograrás cumplir ese anhelo.

Paso 4: Anota las ideas que se te vienen a la mente.

Paso 5: Construye una visión poderosa y reescríbelo hasta que quede perfecto.

También se pueden hacer las siguientes preguntas:

1. ¿Hacia dónde se quiere ir?

2. ¿Qué se espera obtener a largo plazo?

3. ¿Qué metas se han planteado en el porvenir?

Las metas u objetivos

Los objetivos definen las estrategias o los pasos a implementar para alcanzar las metas planificadas, definen las ambiciones e intenciones a través de una lista de enunciados. También son acciones precisas y medibles que las personas o grupos toman a la hora de llevar a cabo una actividad en específico, haciendo uso de un cronograma o herramienta de gestión.

Por su parte, las metas hacen parte de los objetivos, en la medida en que estas son fáciles de medir, si se han visualizado a corto plazo. Sin embargo, las metas que se vislumbran a largo plazo, son el resultado de circunstancias que una organización quiere alcanzar a través del tiempo.

¿Cuál es la diferencia entre metas y objetivos? Pues bien, los objetivos si son específicos, se caracterizan por ser tangibles, concretos, de corto o mediano plazo, basados en hechos palpables y son un medio para alcanzar un fin, mientras que las metas son generales, intangibles, abstractas, se proyectan a largo plazo; se basan en ideas y en última instancia, hacen parte de los resultados finales.

Es importante que los emprendedores conozcan las diferencias entre ambos conceptos, porque podrán mejorar sus planes, procedimientos, acciones, estrategias y negocios para poder alcanzar los objetivos y llegar a la meta.

Ejemplo de objetivos y metas: Una empresa de publicidad tiene la meta de convertirse en la más rentable de su clase dentro de cinco años, para ello se ha propuesto los siguientes objetivos:

- Aumentar las ventas de sus nuevos negocios un 5% más cada mes.

- Triplicar el número de clientes.

- Ofrecerles a los clientes promociones de packs 2x1 y ofertas del 60% en el servicio de publicidad.

- Aumentar la participación en el mercado durante 12 meses.

- Añadir tres nuevos productos al portafolio de servicios.

Por lo tanto, es muy claro que las metas se refieren a los resultados finales, creando una visión bastante amplia, mientras que los objetivos tratan sobre acciones específicas para llegar allí.

Nota: Lo recomendable es hacer objetivos y metas realistas, los planes elevados pueden influir de una manera poco positiva en las acciones para volverlas una realidad.

¿Cómo crear metas y objetivos?

Pasos para crear objetivos:

Paso 1: Piensa en acciones que te conducirán a la meta, sé lo más concreto posible.

Paso 2: Mide cada objetivo en tiempos.

Paso 3: Determina sus alcances.

Paso 4: Compara la relación de tus objetivos con la misión y visión ya planteadas.

Paso 5: Establece fechas límites.

Los valores de una empresa

Los valores en un contexto empresarial, hacen referencia a los principios fundadores que orientan a las acciones y a las decisiones laborales, son de carácter social y tienen amplitud en la parte interna y externa de una organización. Los valores también reflejan la identidad corporativa, incluyendo normas que forman parte de su esencia.

Son un referente de cual camino elegir, en este caso, los empleados los tienen en cuenta para trabajar en un ambiente de armonía, donde hay un control de las situaciones que pueden influir en la productividad. Además, guían en la toma de decisiones y se enfocan en aspectos como la responsabilidad social, la mejora de los procesos, las dinámicas laborales junto a la relación de empresa y clientes (servicio al cliente).

Ejemplos de valores de empresas exitosas:

Google: Aprendizaje, éxito e inclusión.

Coca-Cola: Liderazgo, colaboración, integridad, responsabilidad, pasión, diversidad y calidad.

Apple: Excelencia, enfoque, desarrollo e innovación.

McDonald's: Calidad, responsabilidad, unión y mejora.

Xiaomi: Calidad, perfección, convicción e innovación.

Nike: Innovación, trabajo en equipo, sustentabilidad e impacto social.

Adidas: Seguridad, colaboración y creatividad.

American Express: Compromiso, calidad, trabajo en equipo, ciudadanía, voluntad de ganar y responsabilidad personal.

En la actualidad, existen una serie de requisitos que toda empresa debe tener en cuenta a la hora de abrir sus instalaciones, dichos aspectos deben estar plasmados en los principios. Para entenderlo es necesario ver las tipologías de valores existentes:

Valores de carácter social: Expresan los principios de responsabilidad social, usualmente se relacionan con el medio ambiente, la dinámica laboral, el buen uso de la materia prima e incluso en la felicidad.

Valores de desarrollo: Se relacionan con la mejora de procesos tanto productivos como operacionales y la innovación, incluyendo el impacto a las comunidades locales.

Valores en el ambiente laboral: Hacen referencia a las dinámicas internas de la empresa, y a la forma en la que interactúan los empleados.

Valores del servicio al cliente: Se refieren a los principios fundamentales que debe tener un funcionario en el área de servicio al cliente, fomentando una comunicación asertiva y una actitud afable.

¿Cómo crear los valores de una empresa?

Es conveniente seguir los siguientes pasos:

Paso 1: Trata de imaginar el negocio como si fuese una persona, descríbelo.

Paso 2: Selecciona de cinco a diez principios (cualidades) que llenen de personalidad al negocio, y que constituyan sus pilares.

Paso 3: Revisa y reescríbelos, si es necesario.

Diferencias entre misión, visión, objetivos, sentido de propósito y metas

En ocasiones se puede creer que misión, visión, objetivos, metas y sentido de propósito significan lo mismo, sin embargo, reflejan diferentes aspectos que conforman una sola unidad para conocer a fondo un negocio. Si se quiere entender la diferencia entre todos los términos mencionados, es recomendable analizar el siguiente ejemplo:

Susana es la dueña de una de las empresas de celulares más importantes de la región, su marca se caracteriza por comercializar celulares grandes de colores básicos como blanco, negro y azul cielo, incluyendo pantalla LCD y megapíxeles que rondan los 16 a 32 (en comparación a la competencia), pero sus lentes capturan la imagen en alta definición. Ella analiza las últimas tendencias del mercado y se da cuenta de que las mujeres prefieren celulares medianos y con colores llamativos como el dorado, rojo, rosado, azul; mientras que los hombres lo prefieren de tonalidad plateada y negro. Además, las personas han tenido un gusto por comprar móviles que tengan más de 64 megapíxeles en la cámara y con pantalla Amoled.

Su organización intenta encajar en el mercado produciendo centenares de celulares con esas características, por lo tanto, deja de crear los modelos que la han hecho obtener popularidad. Al comercializarlos se venden como "pan caliente", sin embargo, cuando pasa el tiempo, los consumidores se dan cuenta de que lo más importante en un celular es su rendimiento, la resistencia de la pantalla y la calidad de la cámara. También prefieren colores neutros para evitar un robo. La empresa comienza a tener un bajón en las ventas de ese tipo de dispositivos, mientras tanto la competencia vende su otra línea de modelos móviles adaptados a lo que el usuario busca.

Aunque la misión de la empresa es crear productos y servicios de gran calidad que contribuyan al mejoramiento de la sociedad global, y su visión es ser el #1 en marca, participación en el mercado, satisfacción del cliente y excelencia corporativa, estas dos son inalterables al menos que cambie la naturaleza de la organización. El sentido de propósito de la dueña sigue siendo el mismo: conseguir la libertad económica a través de su empresa de celulares. Es decir, el sentido de propósito se relaciona con las razones de peso que tiene quien crea el negocio.

Por otro lado, los objetivos planteados pueden cambiar a lo largo del tiempo, según las variaciones en el mercado. En este caso la empresa de Susana planteó unos objetivos para satisfacer las preferencias de sus clientes en ese periodo: vender durante los dos semestres del año 2021, un millón de celulares (tamaño grande, colores llamativos, pantalla Amoled y con más de 64 megapíxeles en cámara). La meta al ser general, sigue siendo la misma, conseguir el puesto número uno en el mercado de dispositivos móviles.

Además de conocer el negocio a través de la misión, visión, objetivos y metas, es fundamental crear un organigrama, con la finalidad de detallar quienes integran las diferentes áreas o secciones de la empresa y la manera en la que se relacionan. ¡Es hora de avanzar a la siguiente fase!

Organigrama

Según la Real Academia Española, un organigrama es: "Sinopsis o esquema de la organización de una entidad, de una empresa o de una tarea. Representación gráfica de las operaciones sucesivas en un proceso industrial, de informática". Es decir, es un diagrama que refleja la jerarquía junto a las relaciones de una empresa, gobierno u otras instituciones.

En este contexto, un organigrama empresarial representa en un formato visual las diferentes estructuras organizacionales, desde la organización de los empleados de acuerdo con sus departamentos, incluyendo las funciones y jerarquías, hasta las estructuras de identidades comerciales y orden de datos.

Importancia de los organigramas

Los organigramas tienen diferentes usos a la hora de gestionar una serie de datos, de allí radica su importancia. A continuación, se presentan los diferentes usos que tiene en la vida empresarial:

- Crea un directorio visual de los empleados que conforman las distintas áreas de la organización.

- Mejora la comunicación entre varios elementos y coordina los departamentos del negocio.

- Permite que los empleados entiendan mejor cómo encajan sus funciones en el esquema general de la empresa.

- Permite organizar las funciones para entender el ciclo productivo.

- Le da un panorama general al superior para que tome decisiones de carácter interno y en pro de la mejora empresarial.

- Muestra responsabilidades laborales.

- Ofrece información concreta sobre el negocio y su personal.

Tipos de organigramas

Saber seleccionar el tipo de organigrama, es fundamental a la hora de organizar los datos de la empresa, ¿por qué? La respuesta es sencilla, los organigramas se encuentran sujetos a los objetivos, enfoques y perspectivas de la empresa, donde se refleja su filosofía de gestión. Un punto a tener en cuenta es que la tipología a usar debe estar acorde a las necesidades del negocio.

Organigrama funcional o estructural (también llamado organigrama de arriba hacia abajo): Es vertical, configura el esquema organizativo a través de los puestos o funciones. Refleja una estructura tradicional en donde los altos ejecutivos encabezan la jerarquía, seguido de otros altos directivos, jefes de departamento y sus empleados. Dicha estructura se divide en departamentos como tecnologías de la información (sistemas), marketing, operaciones, ventas, finanzas, recursos humanos. Además, los empleados con habilidades similares se agrupan, es decir, se ordenan según la capacidad que tienen o su nivel de productividad.

¿Por qué se agrupan de esta forma? Pues bien, porque permite que todas las áreas funcionen de acuerdo con el enfoque general de la organización, optimizando la productividad interna. Sin embargo, este organigrama divide las relaciones tanto laborales como de interacción de otros departamentos con funciones diferentes. Por ejemplo, los community manager están alejados de los programadores.

Organigrama matricial o de matriz: Presenta estructuras tanto verticales como horizontales, donde los empleados se dividen en grupos según un proyecto determinado. Muestra a una organización que opera utilizando equipos multifuncionales, es decir, los equipos de trabajo se arman usando los diferentes cargos de cada departamento, la mayoría de los trabajadores están en contacto continuo. Esto ayuda a facilitar la comunicación haciéndola más abierta, crea un entorno de trabajo dinámico capaz de facilitar el envío de los recursos donde realmente se necesiten.

Organigrama horizontal: Se caracteriza por desplegarse de izquierda a derecha, aparece el cargo de mayor jerarquía en el segmento izquierdo y le siguen los demás cargos en el extremo derecho. El organigrama horizontal incentiva las conexiones entre los distintos cargos de un departamento, mostrándose la igualdad de funciones, en las cuales cada uno de los puestos es una pieza indispensable para obtener un excelente resultado, fomentando un ambiente de diálogo y retroalimentación. Los empleados se pueden sentir valorados por su trabajo. Además, este tipo de organigrama le da una voz a los trabajadores, quienes pueden crear mesas de ideas para realizar cambios o mejorar una circunstancia en específico.

Organigrama circular: Toma como eje principal al cargo más elevado para desplegar el resto de los elementos según su sector o naturaleza, formando un círculo que empieza desde adentro y que se expande hacia afuera. Por ejemplo, el núcleo central del organigrama es el cargo de CEO, quien se divide en cuatro departamentos liderados por sus respectivos jefes (jefe de ventas, jefe de comunicación, jefe de contabilidad, jefe de logística), a su vez encierran los distintos cargos que lo conforman.

¿Cómo construir un organigrama?

A la hora de construir un organigrama efectivo, es necesario seguir los siguientes pasos:

Paso 1: Recuerda los objetivos de la empresa junto a sus perspectivas y enfoques.

Paso 2: Selecciona el tipo de organigrama que se adecue a la estructura de la organización.

Paso 3: Determina la cadena de mando, o más bien, la jerarquía laboral según las funciones, si es el caso.

Paso 4: Organiza los departamentos: ventas, logística, contabilidad, marketing, operaciones, etcétera.

Paso 5: Haz un análisis de cargos.

Nota: El análisis de cargo se profundizará en los próximos capítulos.

Paso 6: Une cada departamento con la cadena de mando a través de una línea de relación.

Paso 7: Identifica las responsabilidades de los cargos de cada departamento, es recomendable asociarlas según el tipo de organigrama que seleccionaste.

Paso 8: Establece el control de los superiores, desde cuántos empleados tienen a su cargo hasta su radio de supervisión.

Paso 9: Diseña el organigrama teniendo como base el cargo superior, mientras se segmenta en los distintos departamentos, que a su vez se dividen en cargos.

Paso 10: Escribe los nombres de cada empleado junto a su puesto, y con una línea relaciónalos.

¿Cuáles herramientas existen para diseñar un organigrama? En el mundo digital hay diversos sitios gratuitos y de pago que permiten crear este tipo de esquemas. Se pueden hacer de manera online e incluso a través del celular.

Sitios web para crear organigramas (pagos): Smartdraw, Lucichard, Microsoft Visio, Creately, Endalia, bizneo, Integratec, Venngage, Cacoo.

Sitios web para crear organigramas (gratis): Google Docs, Canva, Gliffy.

Aplicaciones para crear organigramas: Mindomo, organigramas de empresas, Collaborative groups, miMind, KnowledgeBase Builder, Estructuras de datos y algoritmos, DrawExpress Diagram.

El organigrama es un gran paso para conocer la parte interna de la empresa y saber hacia dónde se dirige, sin embargo, surge una pregunta: ¿Qué se hace en la parte externa? Pues bien, aquí sale a flote la relación entre los consumidores o clientes, quienes adquieren los productos o los servicios de la organización.

La importancia de conocer a los clientes

Los clientes son la parte más importante de una organización porque ellos se encargan de contribuir en sus ingresos diarios. Una empresa trabaja y existe para los consumidores, atiende una necesidad, dándole una solución placentera. Por ese motivo, es fundamental conocer a los clientes desde todos los aspectos, ¿con qué fin? La idea es evolucionar de acuerdo a sus comentarios, preferencias y demás.

Para conocer a los clientes que consumen o adquieren los productos y servicios de una empresa, es necesario estudiar la segmentación del mercado, en el que salen a relucir diferentes variables de carácter general:

Comportamiento: Analiza el comportamiento de los posibles clientes en relación a su necesidad. Aquí entran las búsquedas en el navegador, las preferencias en las redes sociales, si el consumidor se guía por los comentarios antes de adquirir un producto, si prefiere comprar bienes de marca o que salen en las propagandas de la televisión.

Ubicación: ¿De qué región provienen los clientes? ¿En cuál país se es número uno en ventas? Por ejemplo, en China se venden más celulares de la marca Huawei que IPhone.

Variables demográficas: ¿Cuál es el rango de edad de los clientes o consumidores? ¿A cuál etnia pertenecen? ¿Qué ingresos tienen? ¿Cuál es su clase social? ¿Qué religión profesan? Por ejemplo, quienes compran celulares iPhone son personas entre los 15 a 35 años. Por otro lado, en los países hispanos tener un iPhone de gama alta significa que la persona tiene ingresos elevados, junto a una clase social cómoda, mientras que en China es símbolo de pobreza y baja educación académica.

Variables psicográficas: ¿Qué estilo de vida tiene el cliente? ¿Cuál es su personalidad? ¿Qué opiniones posee? Por ejemplo: Las personas que consumen suplementos multivitamínicos, tienen un estilo de vida saludable, les gusta ir al gimnasio.

Conocer estas cuatro variables, hace que un emprendedor se acerque a sus potenciales clientes, creando un lazo de fidelidad capaz de aumentar las ventas y, sobre todo, permite la conquista de distintos tipos de prospectos y lugares desconocidos, donde pueden existir oportunidades de progreso. ¿Cómo conocer a los clientes? Existen muchas herramientas, pero las más efectivas son las cualitativas, es decir, las encuestas, entrevistas, y demás. La forma de organizar los datos recolectados se hace a través de un informe cuantitativo, aquí se encuentra un resumen de los resultados obtenidos durante la investigación de campo.

Una encuesta se puede realizar por cuenta propia, o bien, utilizando una agencia de estudio de mercado. La primera opción es gratis, aun así, exige concentración y tiempo para redactar las preguntas junto a las opciones, además se debe buscar el sitio ideal a la hora de implementarlo. Por ejemplo, el departamento de comunicación de WordPress puede lanzar una encuesta en su página de Facebook o en un grupo relacionado con la marca. Sin embargo, cuando es una microempresa, dicha investigación se realiza con ayuda de amigos, familiares y grupos de temática similar.

La segunda opción es paga, existen agencias que se encargan de conseguir consumidores para responder una serie de preguntas de acuerdo a un producto o servicio. Tienen millones de usuarios que están dispuestos a responder de manera honesta. Cual sea el camino a elegir, lo primordial es conocer al cliente con el objetivo de personalizar el producto o los servicios, de esta forma el futuro del negocio será grande. La importancia de conocer a los clientes se refleja a continuación:

- Permite que un negocio se adelante a las necesidades de sus consumidores, creando fidelidad, empatía y retroalimentación entre ambas partes.

- Permite actualizarse con las últimas tendencias del mercado, o los fenómenos globales. Por ejemplo, la pandemia del covid-19, ha creado clientes con una necesidad en específico: sentirse seguros al comprar un producto usando los protocolos de bioseguridad.

- Llena una necesidad en el lugar y tiempo adecuado.

- Aumenta la red de clientes porque los consumidores le recomendaron a familiares y amigos el negocio.

- Aumenta los ingresos en ventas.

- Ayuda a posicionar la imagen de la empresa.

Ahora es momento de pasar al siguiente eslabón, el cual trata acerca de las estrategias de implementación para un negocio rentable. La idea es poder progresar a pasos agigantados en busca de la rentabilidad, junto a la viabilidad propia de cualquier organización exitosa y que factura millones de dólares anuales.

Capítulo 4. Estrategias de implementación para tu negocio (EOS)

El mundo evoluciona exponencialmente, cada día salen a la luz nuevos inventos que le facilitan la vida a los seres humanos, también aparecen tendencias únicas y espectaculares que mueven a las masas, es un mercado en el que se compite por innovar y enamorar clientes para obtener un lugar privilegiado. Las empresas crecen acompañadas de los avances tecnológicos, puesto que utilizan la tecnología como una forma de llevar a cabo sus operaciones, ya sea la adquisición de maquinaria inteligente, la creación de una tienda virtual para ampliar las ventas, marketing digital en las redes sociales, servicio al cliente personalizado a través de WhatsApp, Instagram, Messenger, entre otras plataformas populares.

La generación de ahora hace parte del fenómeno digital, un porcentaje alto de transacciones financieras se están realizando a través del internet, y aún más, con la nueva realidad que empaña al mundo desde la llegada de la pandemia del covid-19, en pocas palabras, la vida ha cambiado para siempre. Por ese motivo, las organizaciones se ven obligadas a incrementar sus estrategias a la hora de satisfacer las necesidades de los clientes, quienes son más exigentes a lo largo del tiempo. ¿Por qué se dice esto? La respuesta se encuentra al evaluar el siguiente asunto: hace diez años atrás los consumidores se conformaban con un lente de 8 megapíxeles en la cámara de los celulares, en la actualidad prefieren la cámara con tres o cuatro lentes, incluyendo buena apertura focal, lente gran angular, macro y demás características avanzadas.

Los consumidores buscan un beneficio cuando adquieren un producto o servicio, desean estar actualizados con lo último en tecnología, por ende, es usual que busquen promociones, ofertas e incentivos que los emocione a la hora de comprar. Es allí en donde la empresa debe estar en el lugar y momento adecuado, utilizando estrategias que la orienten a concretar objetivos. Para entender este asunto, es necesario explicar en detalle los secretos de las empresas más poderosas del mundo, cuyos dueños han alcanzado la libertad de dinero y tiempo. Dichos secretos se encuentran relacionados con las estrategias denominadas *Rocks, Flywheel y Meetings*. ¿De qué tratan? ¡Es momento de conocerlas a continuación!

Estrategia uno: Rocks

Es común que cuando se escucha la palabra Rocks, enseguida se relaciona con un género musical, sin embargo, este tipo de estrategia hace referencia a la planeación de objetivos que se deben cumplir sí o sí en un determinado lapso de tiempo, por ejemplo, trimestralmente. La palabra Rocks significa en español "roca", y le entra como anillo al dedo para entenderla como una estrategia de crecimiento empresarial, ¿por qué? Las piedras están allí inertes, algunas son pesadas y otras no, hacen presencia de tal forma que se sabe que existen, son fáciles de encontrar, así como de agarrar, y si se lanzan hacia el horizonte, llegan bastante lejos.

La estrategia Rocks le da una dirección concreta a la empresa, muestra las vulnerabilidades en los diferentes departamentos operacionales, permite concretar proyectos idealizados. Establecer objetivos estratégicos reales o prioridades estratégicas, le otorga a la organización un espíritu de progreso y avance, donde tiene motivos para luchar en el mercado, por decirlo de alguna forma.

Aquí se establecen objetivos específicos y pequeños, oscilan de tres a siete iniciativas que se han identificado como prioridades en las diferentes áreas de la empresa. Al elegirlas y hacer que las personas se responsabilicen con cada tarea, supone un crecimiento sustancial. Para entender la estrategia del Rock, es necesario ilustrarlo de la siguiente forma:

En una empresa de confecciones de ropa siempre hay tareas que deben hacerse, sin embargo, en ocasiones quedan a la deriva o a medias. La dueña ha tomado la decisión de utilizar la estrategia Rock para mejorar la puesta en marcha de tareas beneficiosas para la organización. Por lo tanto, comienza a ubicar los proyectos a medias en la lista de tareas pendientes, establece que se deben realizar dentro de los 90 días hábiles.

Le da responsabilidades a cada uno de los empleados, quienes tienen sus propias "rocas" o asignaciones, en cada uno recae la consecución de aquello. Las funciones de los empleados quedan así:

María: Es la líder del proyecto "Colección de vestidos para damas de sesenta años o más".

Jimena: Se encarga de los diseños de los vestidos que son en total 15. Debe entregarlos dentro de una semana.

Carla: Es la encargada del patronaje (dibujo de las partes de una prenda según la ficha técnica), realizado a través de programas especializados. Además, debe entregarlo cuando finalice el periodo de reposo de la prenda. Tiene diez días.

Claudia: Realización de los trazos. Debe tenerlo listo en tres días.

Y los demás procesos son encargados de la misma forma. Todo el tiempo de ejecución suma aproximadamente tres meses.

Los avances del proyecto se revisan cada semana, en las distintas fases se analiza si se está siguiendo el camino planeado, y de manera profunda se verifica el trabajo de cada uno de los integrantes del grupo, incluyendo al líder, quien es el propietario de ese proyecto y es el que vela por obtener resultados prometedores. Además, realiza informes sobre los logros obtenidos. Después de los 90 días, el proyecto ha sido terminado con éxito.

Importancia de implementar la estrategia Rocks

El Rocks tiene beneficios positivos para los emprendedores que desean crecer a pasos agigantados, su importancia se encuentra a continuación:

- Mejora la productividad de los empleados al responsabilizarse de sus tareas.

- Enfoca al equipo hacia una dirección concreta.

- Mejora la parte emocional de los empleados porque se sienten valorados, cuando se les asigna una tarea en específico.

- Les brinda energía a las personas del equipo para esforzarse en lograr excelentes resultados.

- Permite que la empresa escale poco a poco a través de los objetivos específicos hacia la meta final. Por ejemplo, los objetivos trimestrales se relacionan con las metas anuales, que a su vez se unen a la meta que se tiene dentro de tres años y al mismo tiempo se encuentra ligada a la de los diez años. Esto permite que la empresa logre avances concretos en el camino que desea.

- *Rocks= Objetivos específicos y reales + Compromiso + Fechas límites*

Estrategia dos: Flywheel

Los cambios del mundo en cuanto a la tecnología, han propiciado transformaciones en la manera en cómo se vende y consigue clientes, dándoles distintos retos a las empresas que cada día se esmeran por ofrecer servicios y productos de calidad. El internet ha creado consumidores intuitivos, inteligentes y con conocimientos avanzados, volviéndolos más estrictos en la adquisición de un bien material e inmaterial, por ejemplo, una persona que tiene una vida saludable cuando va a un restaurante, lo primero que pregunta es si hay comida bajo en grasas e incluso pide la bebida sin azúcar porque se ha informado sobre los aspectos nutricionales de los productos.

Este asunto ha hecho que los restaurantes agreguen en el menú comida vegetariana o platos sin grasas saturadas o trans.

También muchos productos alimenticios han cambiado sus propagandas aclarando lo saludable que son, he aquí otros ejemplos de la vida real:

- La marca Frutiño —líder en refrescos en polvo—, ha realizado publicidad en los últimos años haciendo énfasis en los aspectos nutricionales del producto, mostrándose en el empaque que es una fuente de vitaminas A, C, B3, B5 y B9.

- Varias marcas de aceite han creado una línea saludable como oliva, arroz, girasol, nuez, aguacate, etcétera.

Otra estrategia que han incorporado muchas empresas de productos alimenticios, es la particularidad de mostrar en letras grandes que el producto tiene un 20% más de contenido y al mismo precio de siempre. ¿Por qué es importante saber esto? La respuesta es sencilla, la manera de competir en el mercado está cambiando con el paso del tiempo: los negocios se están acercando a muchas tipologías de clientes, haciendo que adquieran un papel protagónico en los procesos productivos y permitiendo recomendaciones por parte de ellos.

Antes de la llegada del año 2000, las empresas comerciales se enfocaban en promover sus productos a través de los comerciales en la televisión para llegar a los prospectos, aunque en la actualidad es aún utilizada.

Después de los años 2000 y con la llegada del internet, se propició nuevas formas de atraer clientes, como la creación de contenido útil y valioso de manera digital. Desde aquí la manera de conquistar el mercado cambió radicalmente, los departamentos de marketing evolucionaron a técnicas atractivas como el funnel o embudo de ventas, es decir, se enfocaron en la experiencia del cliente, quien realizaba tres pasos básicos:

1. Atracción por un producto o servicio.

2. Consideración del producto.

3. Decisión para adquirir el bien.

Sin embargo, a medida que el mundo digital avanzó a pasos agigantados, los clientes evolucionaron a distintas necesidades y sus comportamientos en el internet cambiaron en un abrir y cerrar de ojos. La técnica del embudo de ventas se quedó corta, o más bien, necesitaba rediseñarse para lograr mejores resultados.

Por ese motivo, nace en el año 2018 la estrategia de marketing y ventas llamada *Flywheel* o conocida como "volantes publicitarios", presentada por Brian Halligan —CEO y cofundador de HubSpot—, dicha estrategia se centra en el consumidor y la relación que tiene con la empresa. Es decir, el Flywheel es un ciclo basado en el cliente, quien es el volante publicitario que se encarga de compartir su satisfacción con la empresa al mundo.

Características del Flywheel

Las principales características del Flywheel son las siguientes:

- Los procesos giran alrededor del crecimiento de la organización, cuyo eje principal es el cliente.

- Tiene la capacidad de acumular y liberar energía, es decir, el cliente impulsa el crecimiento de la empresa.

- Abre diversos canales de comunicación: la voz a voz, las recomendaciones, las opiniones de terceros, los reviews, etcétera.

- Simplifica el tiempo de interacción entre cliente y empresa, es decir, el consumidor llega decidido a adquirir el producto porque su mejor amigo se lo recomendó.

- Se centra en el trato que tiene la empresa hacia el cliente.

Es razonable pensar que la mayoría de los clientes adquieren un bien por recomendación de familiares, amigos e incluso compañeros de trabajo o estudio. También prefieren buscar opiniones en páginas de terceros sobre la veracidad de una empresa, de acuerdo a eso toman una decisión. Este método les exige a las empresas lo siguiente:

- Potenciar los tiempos de entrega (si es el caso).

- Optimizar los procesos de producción.

- Fomentar valores sociales en pro de la comunidad.

- Contratar al mejor talento en atención al cliente y con una alta actitud de servicio.

- Tener medios de comunicación accesibles y eficientes.

- Solucionar incidentes en el menor tiempo posible.

- Cultivar la honestidad, es decir, decirle la verdad al cliente.

Para entender en profundidad el Flywheel, es necesario ilustrarlo de la siguiente manera:

Una empresa de telecomunicaciones abre sus instalaciones en una pequeña región, ha realizado una inversión para darse a conocer a través de pancartas, comerciales y publicidad en las redes sociales. Muchas personas se interesan en los servicios que tiene, revisan la página web y los solicitan. La empresa hace todo lo posible por ofrecerle una experiencia placentera al consumidor, quien se da cuenta después de cierto tiempo, de que el servicio es de excelente calidad. Dicho cliente le comenta a sus familiares de su buena experiencia, instándolos a cambiarse de operador, ellos se acercan a la empresa, adquieren los servicios.

Estos nuevos clientes se encargan de recomendar a su círculo de amistades, los servicios de la nueva empresa de telecomunicaciones. Los que poseen blogs o páginas web, comienzan a escribir artículos contando la experiencia positiva que han tenido. También los clientes que descargaron la aplicación de servicio al cliente en la tienda virtual, la han calificado con cinco estrellas. Además, los comentarios de satisfacción son dejados en las publicaciones de la página de

Facebook e Instagram de la organización, como resultado su marca adquiere prestigio. Los suscriptores aumentan y, por ende, los ingresos también. Los clientes se han convertido en el motor de crecimiento de la empresa.

Flywheel= Clientes (Atraer + Deleitar + Interactuar)

Estrategia tres: Meetings

La palabra meetings en español significa "reuniones", esta estrategia se utiliza como un instrumento para fortalecer todas las columnas que conforman a la organización. Son tan poderosas que pueden cambiar el destino empresarial a un rumbo lleno de oportunidades.

El Meeting es uno de los pilares fundamentales del EOS (Entrepreneurial Operating System) porque permite conectar al equipo en un ambiente de retroalimentación, donde se planean e implementan soluciones a la hora de mejorar ciertas circunstancias, además se evalúa el desempleo individual, se establece prioridades durante un determinado periodo. Los participantes pueden expresar sus sentimientos, anhelos, recomendaciones o las expectativas que tienen a largo plazo, creándose una interacción saludable entre los líderes y sus empleados.

Las reuniones bien gestionadas se han encargado de energizar la productividad de una empresa, sin embargo, esto ha ocurrido cuando se realizan reuniones cortas, preparadas, y con un valor agregado. Los empleados reflejan a través de sus acciones, lo productiva que es una reunión, por ejemplo, cuando se expresa una información útil y relevante, los partícipes tomarán notas, prestarán atención e interactuarán con el líder haciéndole preguntas.

En el meetings sobresale la comunicación asertiva, ¿qué es este tipo de comunicación? Pues bien, trata sobre la capacidad de expresar opiniones, sentimientos e ideas de una manera respetuosa, abierta, honesta y directa. Es un ambiente de aprendizaje en el que cada elemento adquiere un valor único, mejorando su parte emocional, psicológica y espiritual. Por ese motivo, es importante que un emprendedor se comunique en un tono constructivo con su equipo de trabajo, tenga los oídos abiertos para escuchar recomendaciones, permitiéndole incorporar otro tipo de estrategias orientadas al bienestar del grupo.

Ejemplo

Julián dirige a un equipo de asesores comerciales, quienes se encargan de buscar y atender a todo tipo de consumidores. Sin embargo, en la última semana se ha presentado una serie de incidentes entre los empleados, en las cuales han tenido disputas algo violentas. También algunos comentarios sobre los procesos de la empresa, han traído consigo incomodidades y actitudes despectivas.

Julián se ha percatado de este tipo de situaciones, por lo tanto, incorpora una estrategia de emergencia llamada Meetings. Aquí organiza los temas a abordar, así como las reglas a seguir cuando alguien toma la palabra:

Inicio de reunión: 7.30 a.m.

Reglas:

1) Respetar la opinión de los demás.

2) Tomar la palabra alzando la mano.

Sección 1:

1) Oración.

2) Pausa activa (estiramientos).

3) Actividad grupal (juego de adivinar el objeto).

Sección 2:

1) Compartir experiencias en el trabajo.

2) Expresar lo que sienten los empleados al laborar en la empresa (feedback).

3) Solución de incidentes.

Sección 3:

1) Repasar la misión, visión y valores de la empresa.

2) Práctica del speech diario.

3) Exposición de un tema de aprendizaje.

4) Conclusiones y puesta en marcha de objetivos.

Hora de finalización: 8:15 a.m.

Desde las reuniones organizadas por Julián, los empleados mejoraron sus relaciones personales junto a la productividad. Las ventas aumentaron un 35%, y la percepción de los empleados mejoró sustancialmente. En poco tiempo lograron la meta de fidelizar 2000 clientes en 60 días. En la actualidad, Julián espera realizar la siguiente reunión para alcanzar muchos objetivos más.

Consejos del Meetings

- Realizar reuniones por lo menos cinco veces al mes.

- Tener razones válidas para planear una reunión.

- Crear reglas en donde se valoren las reuniones, por ejemplo, sancionar a un empleado que llegue tarde.

- Enviar una agenda con anticipación a los partícipes, quienes estarán preparados cuando se realice la reunión.

- Mantener un ambiente positivo.

- Resumir los temas a tratar.

- Permitir que todos hablen con un límite de tiempo.

- Seguir adelante frente a temas polémicos.

- Cerrar con un plan de acción.

Las estrategias mencionadas son la base para alcanzar la libertad económica, sin embargo, surge una pregunta: ¿Es suficiente utilizar las estrategias Meetings, Flywheels y Rocks? La respuesta es clara: se debe complementar dichas estrategias empresariales con uno de los secretos mejor guardados de los nuevos emprendedores millonarios. ¿En qué consiste? Pues bien, es nada más y nada menos que la automatización de un negocio, donde el talento humano es crucial en el crecimiento de la empresa, es decir, la selección del personal idóneo en cada puesto supondrá beneficios sustanciales. ¡Es momento de pasar al siguiente nivel!

Capítulo 5. Automatización de tu negocio

Las empresas se mueven a través de un líder y un excelente equipo de trabajo, más las necesidades del consumidor, se forma una tríada capaz de sostener las columnas de cualquier organización en el mercado mundial, permitiendo el progreso a un nivel más avanzado. El éxito se desarrolla al complementarse estas tres fuerzas involucradas: el líder guía y gestiona acciones concretas que van hacia los objetivos propuestos, los empleados se encargan de mover a través de sus conocimientos las "ruedas", por decirlo de alguna manera, de la organización. Y por supuesto, los clientes adquieren los servicios y productos, haciendo que la empresa pueda tener materia prima para seguir ofreciendo un bien.

Sin embargo, saber seleccionar el equipo de trabajo idóneo supondrá el futuro de la organización, ¿por qué? Porque el talento humano se encargará de todos los departamentos o áreas empresariales, harán que la empresa funcione como tal. Muchos expertos en la materia sugieren lo siguiente:

> Se cree comúnmente, y muchos estudios recientes lo apoyan, que lo que tiene mayor influencia en la capacidad de una organización para lograr el éxito es la gente que emplea. El capital intelectual de una organización —junto con la dedicación y el espíritu que se aportan al trabajo— es lo que permite a la organización alcanzar sus metas. Es decir, el equipo de personas que constituyen la organización es fundamental para que ésta pueda

cumplir con su misión. Por estas y otras razones, el manejo estratégico de los recursos humanos es clave para el éxito general de una organización y abarca muchas funciones operativas que incluyen: alineación de las prácticas de los recursos humanos a la estrategia de la organización, contratación de las personas idóneas para el trabajo, orientación que provea la información y las herramientas necesarias para preparar al empleado para un trabajo efectivo, compensación y beneficios que garanticen una competencia ventajosa.

(A. López y E. Piedra, 2001)

Por tal motivo, existe una fuerte presión a la hora de contratar al personal adecuado que se ponga la camiseta de la empresa, y persiga los mismos sueños del emprendedor, quien se esmera por obtener el éxito. Esto lleva a muchas preguntas interesantes: ¿Cómo y cuándo contratar al personal idóneo? ¿Cómo reconocer el puesto correcto para un empleado según sus habilidades y destrezas? ¿Qué aspectos se deben tener en cuenta a la hora de contratar? ¿Es posible delegar funciones, o bien, subcontratar personas capacitadas para un puesto superior? ¿Dónde se puede contratar talento humano sin invertir dinero en convocatorias o avisos publicitarios? ¿Existen herramientas para gestionar, delegar y supervisar proyectos?

La gestión del talento humano se encuentra estrechamente ligado al RRHH (recursos humanos), un departamento que se encarga de contratar, gestionar y supervisar la productividad de cada empleado, también vela por las vacaciones, licencias, el pago del sueldo, junto a otros aspectos relacionados al vínculo empleado-empresa. Desde aquí salen a flote algunos conceptos de la gerencia del talento humano, presentados a continuación:

Empleado: Persona capacitada para trabajar según sus habilidades en un puesto específico, está bajo la autoridad de su empleador.

Empleador: Encargado de supervisar los procesos de su área, y de controlar de una manera eficaz los resultados de cada uno de sus subordinados, quienes ocupan un cargo.

Puesto de trabajo o cargo: Conjunto de actividades que deben realizar los empleados de acuerdo con unas directrices.

Sueldo: Pago por el servicio suministrado.

Contrato: Documento legal que expone los derechos y obligaciones entre el contratado y el contratista.

Proceso de selección: Conjunto de procedimientos para contratar a una persona, teniendo en cuenta las habilidades y el conocimiento que exige el puesto de trabajo.

Prueba de conocimiento y actitud: Examen clasificatorio para filtrar el talento idóneo. La primera mide el nivel de conocimiento en el cargo, y la segunda la inteligencia emocional.

Existen otros conceptos importantes que se evaluarán a lo largo de este capítulo. Cuando un emprendedor crea una empresa, necesita el personal adecuado para poder hacerla funcionar. Por ello, surge la necesidad de fundar un área capaz de contribuir con la selección de personas capacitadas, el departamento de recursos humanos se encarga de trabajar con quienes forman parte de la empresa, administran los recursos disponibles utilizando mano de obra humana. La organización junto a las personas contratadas son los pedales que llevarán al emprendedor hacia la cima del éxito, pero ¿qué es una organización?

La respuesta es obvia, una organización es un modelo sistematizado en continua interacción con el entorno que la rodea, alcanza un equilibrio perfecto hasta el punto de conservar su capacidad de salida y entrada, es decir, entran ingresos mientras se pagan obligaciones de cualquier índole. Su intención es obtener beneficios futuros para poder subsistir. A una organización se le puede comparar con el cuerpo humano, toma acciones concretas, se relaciona con el entorno, crea oportunidades, y lo hace porque quiere seguir viviendo.

Niveles organizacionales

Toda organización depende de su parte interna y externa, donde la tecnología interfiere en la primera, y el ambiente interviene en la segunda. Para sobrellevar estos aspectos, se distinguen tres niveles organizacionales:

Nivel institucional: Denominado también nivel estratégico, aquí se toman las decisiones más importantes, se establecen objetivos junto a estrategias. Está conformado por los propietarios, directores y accionistas de la organización, quienes son la cabeza.

Nivel intermedio: Se le conoce como el nivel mediador y gerencial, en las cuales pertenecen todos los departamentos que integran a la empresa, cuyas funciones se resumen en la programación y puesta en marcha de actividades en pos de su supervivencia. Aquí se amortiguan las interferencias de la parte externa (ambiente), usando de forma eficiente las tareas básicas propias de la naturaleza del negocio.

Nivel operacional: Es el último eslabón de la cadena empresarial, se encuentra conformado por maquinarias, equipos e instalaciones físicas en donde se llevan a cabo las operaciones. Es decir, constituye el espacio de producción (elaboración de los productos o servicios) y la tecnología utilizada. Se usan determinados procedimientos, caracterizados por ser continuos y regulares, garantizando la utilización óptima de los recursos disponibles.

Todas las organizaciones están influenciadas por dos aspectos importantes: lo interno y externo. El primero hace referencia al ambiente laboral y a los procesos organizacionales propuestos en el plan de producción, aquí se confabulan el talento humano más la alta gerencia, ambos forman una sola unidad que recrea un espacio de interrelación. A continuación, se presentan las variables que la conforman:

- Variables de personalidad: La forma de ser de los integrantes del grupo.

- Variables académicas: Los títulos y el conocimiento académico de los empleados.

- Variables emocionales: Sentimientos frente al ambiente laboral.

- Variables conductuales: Acciones de peso que hacen parte del proceso productivo y de las interacciones personales entre los participantes.

- Punto de encuentro cliente-empresa: Relaciones.

La segunda se refiere al macroambiente que envuelve por completo a la organización, hace parte de ella porque ocupa un lugar en la sociedad. Los factores involucrados crean un plano dinámico, compuestos por fuerzas que interactúan con otras variables:

- Variables económicas: Interferencia del ciclo económico en la productividad de la empresa.

- Variables demográficas: Edad, cultura, género, entre otros aspectos ligados al tipo de cliente que busca un producto o servicio.

- Variables políticas: Disposiciones realizadas por las jerarquías gubernamentales que se involucran en la autonomía de las empresas. Por ejemplo, un régimen autoritario puede cerrar un negocio.

- Variables tecnológicas: Avances a nivel tecnológico de la región en el que la empresa desarrolla sus operaciones.

- Variables sociales: Fenómenos y situaciones de carácter social que repercutan en la sostenibilidad, por ejemplo, la llegada de inmigrantes.

- Variables legales: Leyes e imposición de reglamentos que pueden beneficiar o alterar algún sector de la empresa, también abarca los derechos que tiene frente a la justicia. Por ejemplo, una demanda.

Por otro lado, es importante que el emprendedor sea capaz de entender la naturaleza humana, o más bien, las necesidades de su grupo de trabajo, con el fin de encontrar detalles para mejorar y de esta forma trazar el camino hacia el éxito. ¡Es momento de conocer la naturaleza humana!

Reconocimiento de la naturaleza del capital humano

Las organizaciones dependen de las personas para controlarlas, dirigirlas y hacerlas funcionar, hecho que se puede comparar al cuerpo humano representado como una empresa, el "espíritu" simboliza al capital humano que le brinda una identidad propia. Las empresas basan su éxito y continuidad en las personas, quienes se pueden ver desde dos perspectivas: con características propias de personalidad, aspiraciones, valores, actitudes, metas personales, y por supuesto, como recursos (capacidades, destrezas, conocimiento).

Por ese motivo, un emprendedor, o más bien, el área de recursos humanos, debe valorar a ese capital humano respetando sus derechos inalienables y pagándole un salario justo. La nueva mentalidad de las empresas más exitosas del mundo, es tener a gusto a sus empleados, brindándoles un ambiente laboral lleno de paz, armonía, comunicación asertiva y aprendizaje. Estas formas mejoran diferentes aspectos organizacionales, desde las interrelaciones entre el equipo hasta la productividad en general.

En la actualidad, el trato homogéneo, estandarizado o genérico de las empresas hacia los empleados ha venido cambiando, se han incorporado estrategias individualizadas porque cada mente pensante es un universo lleno de sorpresas, cada uno tiene particularidades únicas y, por ende, salen a relucir exigencias orientadas al bien común. Cuando existen diferencias de personalidades en una organización, eso quiere decir que hay mayor potencial creativo. Por ejemplo, en una constructora dos empleados pueden mostrar diseños distintos, sin embargo, al unirlos se convierten en una obra maestra.

A la hora de comprender la individualidad de cada persona, es necesario hablar de su cognición, del cual es la manera en la que un ser humano se percibe asimismo e interpreta a la realidad. Según las vivencias experimentadas adquiere una opinión o creencia que lo hace tomar decisiones. Esto es avalado por la teoría de campo de Lewin, quien asegura que la conducta humana depende de dos variables: sucesos en una situación específica y la unión de las fuerzas que se confabulan para moldear a una persona (desarrollando su campo psicológico personal o percepción íntima del ambiente que lo rodea).

Estas fuerzas mencionadas influyen en las decisiones de la persona en la organización, ya sea el estado emocional, la influencia de los colegas, las responsabilidades familiares, las condiciones ambientales, las presiones de los superiores, entre otras. Por ejemplo, los asuntos familiares pueden hacer que un empleado entre en un estado de bloqueo o de bienestar, esto influirá en su productividad.

Las variables se pueden dividir en internas y externas. La primera hace hincapié en las personas de la organización, donde aparecen factores como la personalidad, el aprendizaje, la motivación, la percepción y la moral. La segunda abarca la conducta, saliendo a la luz factores tales como el ambiente organizacional, el reglamento de la empresa, la cultura, la política, los métodos y procesos, los incentivos y las sanciones.

Por otro lado, se tiene la teoría de la disonancia cognitiva de Festinger que se basa en el equilibrio coherente entre pensamiento y acción. Es decir, una persona tiende a actuar según sus propias disposiciones, pero cuando existen diferencias en ambas, por ejemplo, si cree una cosa y actúa de manera opuesta, entonces aparece el fenómeno denominado disonancia cognitiva. Al existir esa sensación de incoherencia, la persona aumenta su nivel de tolerancia o comprensión. Además, puede adoptar alguna de las siguientes opciones:

- La persona modifica su conducta para adaptarse al ambiente. Por ejemplo, cuando alguien va continuamente a un centro religioso, se vuelve parte de él, propiciando conductas como el llevar ropa elegante y discreta o expresarse de una forma íntegra.

- Modifica a la realidad según sus convicciones, por ejemplo, la persona que asiste al centro religioso adquiere una nueva personalidad, y cuando llega a casa intenta compartir la experiencia con sus familiares para que piensen de la misma manera.

- Convive por obligación en el nuevo panorama, aunque se encuentre en conflicto consigo mismo.

Las conductas humanas se vinculan a una serie de premisas que se expresan a continuación:

Conducta por motivación: Las acciones de una persona se rigen por una razón de ser, es algo que los motiva a actuar para obtener un beneficio tangible e intangible. Por ejemplo, alguien trabaja porque sabe que necesita dinero si quiere sobrevivir.

Conducta por objetivos: En cualquier comportamiento humano existe un deseo, un impulso, una chispa, o bien, una necesidad que los orienta a perseguir un determinado objetivo.

Conducta por estímulos: Existen estímulos internos y externos relacionados a la causalidad de la conducta. Es así como el ambiente y el ser interior influyen en el comportamiento de una persona.

Al profundizar se puede hallar que todo nace a partir de una necesidad, principio fundamentado en la jerarquía de las necesidades según Maslow, quien sugiere una pirámide de acuerdo con su importancia en el comportamiento humano, siendo la base las primarias, aquí se incluyen las necesidades fisiológicas y de seguridad. En el eslabón más alto se encuentran las necesidades secundarias, conformadas por la autorrealización, la estima junto a las variables sociales.

En cuanto al ambiente laboral, la teoría de los dos factores de Herzberg, postula que la conducta se encuentra estrechamente vinculada con los factores higiénicos, aquí se incluyen las condiciones que rodean al empleado, ya sea el estado de la oficina, el salario, las oportunidades de crecimiento, las bonificaciones; las políticas internas, las relaciones interpersonales y demás. Las empresas suelen contagiar a los empleados con un excelente entorno laboral. Desde aquí se abre la naturaleza innata del ser humano: estar donde se sienta aceptado para dar el 100%. Son tan poderosos los factores higiénicos que causan satisfacción emocional, entusiasmo, enfoque e incluso proactividad.

Un empleado que se siente cómodo en el trabajo, lo disfruta hasta el punto de sentirse como en casa, adquiere un compromiso con la empresa, por lo tanto, intentará multiplicar sus destrezas para obtener satisfacción profesional, personal y obviamente económica porque puede ser ascendido a un mejor puesto. Lo último guarda relación con el segundo factor llamado energía motivacional, este hace referencia a las obligaciones que se tienen en el puesto, donde se produce un estado de éxtasis al hacer una actividad por pasión. Aquí se confabulan los sentimientos de realización, junto al reconocimiento profesional cuando se está ejecutando una tarea.

Por lo tanto, un excelente ambiente laboral más un cargo que se hace con mucha pasión, da como resultado una productividad elevada capaz de llevar a la cima a cualquier organización. A nivel comparativo, unos órganos sanos (los empleados) hacen que el cuerpo (empresa) trabaje de manera óptima para que pueda sobrevivir en un mundo lleno de oportunidades. Lo anterior hace parte del clima organizacional, definida como el ambiente interno entre todos los miembros de la organización, preponderando el grado de motivación de cada uno.

Los nuevos emprendedores que desean amoldarse a las tendencias del mercado actual, tienen la obligación de crear un ambiente equilibrado en la empresa, entender las emociones de los empleados hasta el punto de brindarles una guía a la hora de encontrar de nuevo la "balanza", la idea es ser un líder en lugar de un jefe. ¿Cuál es la diferencia entre un jefe y un líder? Pues bien, el jefe ignora las emociones de sus empleados, solo los utiliza para llegar a un objetivo personal, utiliza su autoridad en beneficio propio, manda a las personas. En cambio, un líder aconseja, guía, comparte los éxitos, hace parte del grupo e inspira a seguir avanzando.

Productividad del empleado= Fuerzas internas + Fuerzas externas

Pero, ¿cómo se puede fortalecer la satisfacción de los empleados? La respuesta se encuentra en los siguientes consejos:

- Comparte los valores empresariales con los empleados.

- Crea incentivos que mejoren la productividad, por ejemplo, tener un tablero de reconocimientos en donde se coloque la foto del empleado del mes.

- Condiciona las oficinas y las herramientas de trabajo para una integral ejecución de las actividades.

- Respeta las vacaciones de los empleados, paga en las fechas establecidas.

- Dale instrucciones a la trabajadora social de la empresa para que le dé seguimiento a alguna situación incómoda.

- Utiliza la comunicación asertiva, replantea una opinión, la idea es construir. Por ejemplo, en lugar de decir: "Ese trabajo está pésimo", mejor dile: "Me alegra que lo hayas terminado, pero puedes mejorarlo aún más, ¡vamos, ya casi está perfecto!

Sin embargo, contar con personas idóneas para ocupar un puesto es una bendición, es aquí en donde se debe saber seleccionar al talento humano que será parte del equipo, cuya labor supondrá un impulso en el futuro de la empresa. También se debe incluir la conducta, o más bien, la personalidad de quien va a ejercer el cargo, ¿por qué es importante saber esto? La respuesta se encuentra en las siguientes preguntas: ¿Una persona tímida puede trabajar como asesor comercial? ¿Un hombre cuadrático y cerrado podría ocupar un puesto de diseñador? ¿Alguien falto de carácter e inseguro puede liderar un grupo de personas?

Contratación

Cuando las bases sólidas de una organización se encuentran listas, ya sea desde el punto legal y operacional, por ejemplo, el registro de la empresa en la cámara de comercio, o bien, la adquisición de tecnología para que los futuros empleados puedan trabajar de manera óptima, surge un asunto delicado, y esto es la selección de personal. Planear la incorporación de capital humano es una tarea continua e implica tener un sentido crítico, junto a una visión tanto interna como externa. Si se logra un punto de equilibrio, entonces se puede tomar una buena decisión.

El proceso de selección comienza a través de la identificación de los puestos, donde cada uno exige un nivel de conocimiento y conducta en específico. A la hora de encontrar los candidatos idóneos, se recurre al primer eslabón denominado reclutamiento, definido como una serie de procedimientos que tienen como fin atraer prospectos para ocupar un cargo.

Aquí se utilizan diversas fuentes si se quiere encontrar el perfil requerido, por ejemplo, un anuncio claro que indique el nombre de la empresa, el cargo que se busca, los requisitos, la cantidad remunerada y las funciones a realizar. Pero ¡ojo! Se debe ser verosímil a la hora de reclutar el personal, es decir, si se quiere buscar a un manager community, es obvio que el anuncio tiene que ir en un grupo o plataforma donde la temática sea esa, además de incluir etiquetas relacionadas con el puesto. ¿Qué tipo de canales existen para buscar candidatos? Pues bien, los canales más habituales son el periódico, las revistas, las carteleras internas, asociaciones, las agencias de empleo, las plataformas digitales (banco de profesionales), entre otros.

Luego sigue la selección, aquí se clasifican o escogen a los candidatos más idóneos a través de la entrevista, más las pruebas de conocimiento y conducta. La entrevista es una serie de preguntas para analizar la psiquis del candidato, su forma de actuar, la coherencia de la información de su hoja de vida con lo que dice, también permite evaluar sus objetivos, y si estos son compatibles con los de la empresa. La prueba de conocimiento es una forma de medir la parte analítica y la teoría, clasificando a la persona en bajo, medio y alto. Por otro lado, la prueba de conducta es una estrategia para conocer a fondo la personalidad de los postulantes, sus habilidades sociales y productivas, si tienen inteligencia emocional, si son capaces de trabajar bajo presión, o si se relacionan con los valores de la organización.

También es posible corroborar la información de la hoja de vida (curriculum vitae) llamando a las referencias laborales y personales, la idea es encontrar coherencia entre la información enviada y la realidad. Al analizar las pruebas de cada postulante, se debe tomar una decisión para poder contratar. Cuando se ha efectuado, se pasa a la comunicación con los seleccionados, ya sea por llamada telefónica o vía correo electrónico. La contratación entre empleado-empresa se cierra en el contrato, un documento legal que debe explicar cada detalle del puesto, incluyendo la cantidad remunerada, las prestaciones sociales, las horas de trabajo, en fin, todas las variables que se involucran en la relación empleado y empleador. Existen seis tipos de contratos:

Contrato a término fijo: Su duración oscila entre uno a tres años, el empleado tiene derecho a todas las prestaciones sociales establecidas por la ley.

Contrato indefinido: Su durabilidad es desconocida, el empleador puede terminarlo en cualquier momento. Tiene todas las prestaciones establecidas por la ley, además de tener el derecho de pertenecer a una cooperativa, obtener préstamos, entre otros beneficios.

Contrato de obra: Termina cuando el proyecto o labor haya llegado a su fin. El empleado posee los mismos beneficios que en un contrato fijo e indefinido.

Contrato por prestación de servicios: El empleado presta sus servicios como independiente, negocia el valor total del trabajo, por lo tanto, el empleador solo le cancela dicho valor sin existir una vinculación laboral directa.

Contrato de aprendizaje: Usualmente se realiza con estudiantes que necesitan las prácticas, quienes reciben herramientas académicas y teóricas para fortalecer sus conocimientos. El practicante recibe un incentivo, pero sin prestaciones sociales. En ocasiones, solo recibe auxilio de transporte e incluso nada.

Contrato ocasional de trabajo: Dura menos de treinta días, el trabajador recibe la remuneración establecida por mutuo acuerdo.

El proceso de contratación se resume a continuación:

- Necesidad de empleados.
- Planeación del reclutamiento y selección.
- Búsqueda de candidatos.
- Recepción de candidaturas.
- Preselección.
- Entrevistas y pruebas.
- Verificación de referencias.
- Toma de decisiones.
- Comunicación a postulantes.
- Firma de contrato e inducción.

Persona adecuada, asiento adecuado o Right person – Right seat

El éxito de una organización depende de su capital humano, desde la forma en cómo trabaja individualmente y en equipo. Las personas adecuadas, en el puesto adecuado, pueden transformar una empresa buena en una "extraordinaria". ¿Por qué? La respuesta es sencilla, los empleados que comparten los valores fundamentales de la empresa, poseen un nivel alto de compromiso porque se sienten parte de la organización. La expresión *Right seat* hace referencia a la persona que está trabajando en su área de mayor habilidad, donde brilla y hace la mayor contribución.

Por lo tanto, cuando se habla de Right person – Right seat, se está equilibrando la balanza a un punto de equilibrio entre los valores y las habilidades, es decir, el empleado debe encarnar los valores fundamentales de la empresa y ser extremadamente talentoso en el trabajo. Para construir el equipo ideal, es necesario seguir lo siguiente:

Paso 1: Identificar los valores empresariales.

Paso 2: Contratar personas que personifiquen dichos valores fundamentales, que muestren una conexión con la empresa, incluyendo un talento excepcional en el cargo.

Paso 3: Asegurar que los puestos de liderazgos estén ocupados por personas idóneas.

Paso 4: Jerarquizar el equipo de trabajo (líder, supervisor, empleado).

Paso 5: Opcional: Se le puede dar la oportunidad a una persona para que demuestre su sintonía con los valores de la empresa, junto a su desempeño.

Análisis y descripción de los puestos

Según la Real Academia Española un puesto es: "Sitio o espacio que ocupa alguien o algo. Lugar o sitio señalado o determinado para la ejecución de algo. Empleo, dignidad, oficio o ministerio". Al contextualizar las definiciones, se puede concluir lo siguiente: un puesto consiste en un grupo de responsabilidades que va a variar según su naturaleza. Permite lograr los objetivos establecidos por la empresa.

Si se quiere establecer el contenido de un puesto, es necesario describirlo, y para ello se debe empezar a enunciar las tareas que lo conforman y lo diferencian del resto. También es una enumeración de los aspectos importantes junto a las obligaciones adquiridas, en pocas palabras, describe en detalle las funciones que se deben realizar.

Ejemplo de descripción de puesto:

Título del puesto: Asistente administrativo bilingüe

Departamento: Administración

División: Archivos

Descripción genérica: Organizar y actualizar archivos. Redactar documentos en inglés y en español y mecanografiarlos.

Descripción específica:

- Recibir, clasificar y distribuir documentos según su naturaleza. Si es el caso enviarlos a su destinatario, anotar la devolución y archivarlos.

- Preparar textos y correspondencia en español e inglés.

- Devolver documentos e informes recibidos, con fines de correspondencia y compilación de archivos.

- Organizar, actualizar los archivos y registrar su ubicación específica.

- Proveer documentos al instante: cartas, informes, balances financieros y demás.

Por otro lado, después de describir los puestos, es necesario realizarles sus respectivos análisis. Este consiste en la revisión comparativa de los requisitos que tienen esas tareas, es decir, los requisitos físicos e intelectuales que debe poseer el ocupante para desempeñar de manera exitosa sus funciones corporativas.

Requisitos intelectuales: Se refieren a las exigencias de conocimiento, o bien, al nivel de profundización teórica o práctica de la naturaleza del puesto. Pueden ser las experiencias adquiridas, el nivel de escolaridad, la adaptabilidad, la iniciativa e incluso la aptitud intelectual, siendo esta última definida como la capacidad de realizar una tarea adecuadamente. Por ejemplo, se necesita auxiliar contable con experiencia en el manejo de software de contabilidad Zeus, conocimientos en contabilizar y procesar asientos de diario, actualizar las cuentas por pagar y realizar conciliaciones bancarias.

Requisitos físicos: Hacen referencia a la cantidad de esfuerzo físico e intelectual que requiere el puesto, incluyendo su complexión física. Entre los requisitos físicos se encuentran también la capacidad de concentración visual, las destrezas o habilidades. Por ejemplo, se necesita un modelo hombre que mida más de 1.70 metros, cuerpo fornido y de buena presencia. Otro ejemplo: empresa de logística necesita un bodeguero para cargar paquetes pesados, indispensable tener resistencia y mucha fuerza física.

Asimismo, se debe tener en cuenta las condiciones de trabajo, si es riesgoso, si exige adaptabilidad, o bien, si requiere un esfuerzo por parte del empleado a la hora de interactuar en su entorno laboral. Por ejemplo, una asesora comercial es contratada, pero dispone de una oficina pequeña e incómoda para realizar sus funciones.

Ejemplo de análisis de puesto (Cargo: Asistente administrativo bilingüe)

Requisitos intelectuales

Escolaridad: Técnico, tecnólogo o profesional en administración de empresas. Asistente administrativo.

Experiencia: Más de un año ejerciendo como asistente de archivos o administrativo.

Aptitudes: Proactiva, organizada, intuitiva, diligente, rápida.

Requisitos físicos

Esfuerzo físico: Movimiento de brazos y piernas. Articulación del cuello y columna como agacharse, estirarse, subir y bajar escaleras. Movimiento repetitivo de los dedos al escribir en el computador.

Condiciones de trabajo

Ambiente: Oficina cómoda, aire acondicionado, escritorio (PC de mesa y gabinetes).

Seguridad: Al subir las escaleras se puede caer y fracturar alguna parte del cuerpo.

Métodos de la descripción y análisis de puestos

Existen diversos métodos que permiten recopilar datos importantes sobre la realización de una actividad, facilitando la creación de informes para mejorar las funciones del puesto. Algunos métodos se exponen a continuación:

Observación directa: Es una de las más antiguas, su uso es eficaz en estudios de tiempos y métodos empleados en la realización de una tarea. Se realiza a través de la observación directa del empleado en pleno ejercicio de sus funciones, en el que se analiza de manera profunda los ítems básicos para medir el rendimiento, la eficiencia, la concentración, entre otras variables. Se utiliza en trabajos manuales, o más bien, monótonos, donde la persona hace movimientos repetitivos.

Método del cuestionario: Es una serie de preguntas o situaciones recreadas sobre el puesto asignado, permite medir distintas variables que influyen tanto en la parte productiva como emocional de la persona. Este método es el más económico y rápido, además permite analizar los puestos en todos los niveles, desde los subordinados hasta la alta gerencia.

Método de la entrevista: Aunque el cuestionario y la entrevista parecen ser lo mismo, la realidad es que la segunda permite una interacción directa entre empleado y analista de puesto, quien obtiene información sobre los aspectos importantes del cargo, incluyendo su naturaleza, y las secuencias de las tareas que lo conforman. La entrevista facilita el hallazgo de discrepancias en un mismo puesto, verifica que cada información recolectada sea verosímil, se compara cada respuesta para obtener un resultado final.

Subcontratar personas para la operatividad – legalidad del negocio

Cuando un emprendedor finaliza la primera parte de su negocio, es decir, tiene la misión, visión, objetivos y valores claros, junto a la parte física (lugar en el que se van desarrollar las operaciones), entonces debe subcontratar al personal adecuado. ¿Acaso un emprendedor es capaz de realizar todas las funciones? La respuesta es demasiado obvia, lo único excepcional es que sea un negocio pequeño o emprendimiento individual. Cuando se tiene la ambición de crecer exponencialmente hacia la cima del éxito, es necesario contar con un grupo de profesionales capacitados, cuyo talento sea capaz de potencializar los procesos de la empresa. Los negocios más exitosos del mundo tienen contratados a lo mejor de lo mejor, por eso se destacan por ofrecer servicios de buena calidad.

A la hora de subcontratar personas, es necesario distinguir la naturaleza del negocio, si es una firma contable, un local comercial, un negocio de prestación de servicios, una empresa de manufactura, una organización agrícola, entre otros. Lo básico es que tenga los siguientes departamentos:

Dirección general: Se encarga de guiar el camino de la empresa, traza objetivos basándose en un plan de negocios. Lo conforma el dueño, los socios o los mayoristas, e incluso un delegado que lleva a cabo los mandatos de un superior, en este caso el fundador del negocio.

Departamento de finanzas: Lleva la contabilidad, maneja las transacciones diarias, gestiona los inventarios, costos, registros en un determinado periodo a través del libro diario, balances, estados financieros, cuenta de resultados. Además, en muchas empresas el área contable gestiona la nómina, las vacaciones, las cesantías, las primas y mucho más.

Departamento de recursos humanos: La mayoría de la información que se ha expuesto a lo largo de este capítulo, hace parte de las funciones del departamento de recursos humanos.

Departamento de marketing: Trabaja junto al área comercial para conseguir prospectos potenciales, cerrar negocios, efectuar ventas, y atender de una buena manera a los clientes. Su función principal es hacer que la empresa obtenga ingresos.

Departamento de compras: Como su nombre lo indica, se encarga de contactar a los proveedores para recibir insumos o herramientas de uso laboral. Tienen en cuenta el precio, la calidad y su funcionalidad.

Departamento de logística: Es el motor en la competitividad de las empresas porque gestiona las entregas de los productos, distribuyéndolos y comercializándolos en el mercado. La rapidez y la preservación del producto repercuten en la percepción que tiene un cliente de una organización.

También se debe hablar sobre la importancia de contar con un buffet de abogados para respaldar las decisiones legales de la empresa, incluyendo las asesorías. Un emprendedor exitoso está asesorado por expertos en la materia, sus decisiones son influenciadas por las sugerencias de profesionales. Ejemplo: Un inversionista novato necesita a un asesor si quiere obtener jugosas ganancias en el mercado de valores.

Plataformas para contratar talento

Aunque en la actualidad existen decenas de agencias de empleo, en el internet se puede encontrar excelentes plataformas para contratar talento, lo mejor de todo es que es posible ver en un clic los trabajos realizados e incluso las calificaciones de otros clientes. Es decir, con tan solo un clic se puede entrar a una base de datos con millones de profesionales que se destacan por sus conocimientos, habilidades, aptitudes y demás. ¡Es momento de conocer las plataformas de empleo más populares del mundo!

Fiverr

Es un sitio web disponible en varios idiomas, tiene una interfaz amigable, la información es muy clara y el registro solo dura varios minutos. Fiverr permite conectar a empleadores con freelancers de probada experiencia, incluso la membresía de Fiverr Business facilita la búsqueda de talento humano, porque la plataforma misma se encarga de asignarlo según los requerimientos del emprendedor.

Aquí se pueden conseguir diseñadores gráficos, desarrolladores, locutores, editores de video, redactores (copywriter, SEO), managers community, ilustradores, animadores; traductores, asistentes virtuales, consultorías de cualquier materia, la lista es bastante extensa. La dirección url en español es la siguiente: https://es.fiver.com.

Upwork

Es un inmenso mercado de profesionales independientes, donde se puede encontrar talento en muchas áreas empresariales. Tienen más de 20 años en el mercado global. El registro en la plataforma se puede realizar a través de una cuenta de Google, Apple u otro correo electrónico.

En su página web se encuentra un breve resumen de lo que son: A través de Upwork, las empresas hacen más, conectándose con profesionales probados para trabajar en proyectos desde el desarrollo de aplicaciones web y móviles hasta SEO, marketing en redes sociales, redacción de contenido, diseño gráfico, ayuda administrativa y

miles de otros proyectos. Upwork hace que sea rápido, simple y rentable encontrar, contratar, trabajar y pagar a los mejores profesionales en cualquier lugar y en cualquier momento.
(Página oficial de Upwork).

Workana

Es una comunidad de freelancers independientes con una alta experiencia en el área que manejan. Workana es demasiado estricto a la hora de aceptar talento, por ello, quienes ingresan se destacan por sus habilidades y destrezas. El sitio permite registrarse como freelancer y cliente, este último publica su proyecto en el tablero de publicaciones, allí los interesados se postulan a través de una propuesta, donde se incluyen los costos del servicio, una presentación corta y el tiempo necesario para cumplir con el trabajo. Un plus que tiene Workana es ser un intermediario entre cliente – freelancer, si el primero está satisfecho con el trabajo, entonces suelta el pago.

Freelancer

Permite a empresas grandes, pequeñas o a empleadores independientes, el acceso a más de 42 millones de profesionales. Ha ganado diez veces el premio Webby, está disponible en 34 idiomas y 39 divisas. Posee diversas funciones fáciles de usar, y lo mejor de todo es que la mayoría de las funciones son gratuitas, aunque limitadas. Entre sus categorías se destacan: páginas web, software, diseño, arquitectura, informática, ventas y marketing, contabilidad, recursos humanos; leyes, ingeniería, ciencias, entre otras. Una característica propia de Freelancer, es su diversidad de áreas, haciendo fácil la búsqueda de talentos potenciales en cualquier cargo.

Ahora surge una pregunta: ¿Cómo es posible delegar las funciones de una empresa de manera virtual? Esta pregunta es un abrebocas a la hora de reflexionar sobre el futuro de los negocios. La realidad es que, dentro de varios años, la mayoría de las empresas en el mundo pasarán de trabajar de forma física, a ser netamente digitales. Es decir, un porcentaje alto adaptará sus procesos sistemáticos para mudarse a plataformas empresariales de carácter virtual. Los beneficios serán un ahorro sustancial de los pasivos vinculados a los servicios públicos, rodamientos o viáticos, renta, alimentos y manutención. Sin embargo, la excepción a una nueva realidad como la próxima industria 5.0, serán las organizaciones con procesos operacionales físicos, por ejemplo, manufactura, agrícola, piscicultura, entre otras. Aunque es posible que algunos cargos sean reemplazados por las máquinas.

Herramientas para automatizar, sistematizar y delegar

Las siguientes herramientas se caracterizan por ser oficinas virtuales que permiten la automatización de procesos, facilita la sistematización y la acción de delegar funciones. En pocas palabras, son la mejor amiga de los emprendedores, quienes desean impulsar sus negocios, ganar mucho dinero y ahorrar como sea posible.

Asana

Asana es una plataforma que permite organizar, gestionar, y administrar el trabajo de un equipo, simplificando dicho proceso en un 95%. Su interfaz es intuitiva y fácil de utilizar. Aquí se pueden coordinar las tareas para que todos sepan a quién le toca una determinada parte, se puede compartir comentarios, archivos, imágenes, actualizaciones de estado. Además, se utiliza desde un computador o teléfono móvil.

Trello

Es una plataforma de administración de proyectos, al igual que Asana, permite gestionar proyectos desde la comodidad de un teléfono celular o computador. Posee una interfaz colorida, se pueden crear tableros, listas y tarjetas personalizables. Tiene incorporada automatizaciones que facilitan el flujo de trabajo de todo el equipo, además es un master en la integración de otras aplicaciones como Dropbox, Drive, Microsoft Teams, y demás.

LastPass

Es una herramienta creada para gestionar contraseñas. LastPass es la solución a la hora de crear una llave maestra y poder recordar cada contraseña almacenada. Es común tener decenas de cuentas en diferentes aplicaciones. Muchas veces al entrar de vez en cuando o guardar la contraseña automáticamente en un navegador, el cerebro termina olvidando la clave. Sin embargo, esta plataforma permite archivar en una bóveda virtual y de manera segura, las contraseñas en un solo clic.

Pensar en el futuro de la empresa, es un paso indispensable si se quiere obtener la libertad financiera, pero surge un asunto que vale la pena abordar: la administración del tiempo. Muchos emprendedores comenzaron luchando contra esa magnitud física, hasta el punto de verse envueltos en un dilema porque el tiempo pasa demasiado rápido. O también, sentían que trabajaban en un horario extenso, pero cuando supieron administrar el tiempo, encontraron que un par de horas trabajando tenía el mismo resultado que ocho horas o más. ¿Cómo es posible? ¿Acaso hay algún truco? Las respuestas se encuentran en el próximo capítulo.

Capítulo 6. Administración del tiempo

La gestión del tiempo es una de las mayores habilidades de un emprendedor con miras hacia su libertad financiera. El tiempo destinado a las actividades laborales, es beneficioso en todos los sentidos, desde la productividad de la empresa hasta las situaciones de la vida diaria. Una excelente administración del tiempo produce satisfacción personal, progreso y, sobre todo, bienestar, ¿por qué? Porque la persona puede cumplir de manera eficiente con sus obligaciones, entregándolas en el tiempo preciso.

Beneficios de una correcta administración del tiempo:

- Brinda la oportunidad de priorizar las tareas más importantes.

- Se logran los resultados deseados.

- Permite realizar una actividad con mayor disposición, facilidad y satisfacción.

- Genera una imagen positiva como profesional.

- Eleva el rendimiento y la productividad.

- Se aumentan las oportunidades laborales o propuestas jugosas.

Si se quiere gestionar el tiempo de una forma óptima, es recomendable empezar por las actividades que al llevarlas a cabo supondrán la obtención de excelentes resultados, esto beneficiará a toda la organización. Se cumplen los objetivos específicos y las metas planeadas en el momento oportuno. Las tareas productivas les agregan un mayor valor a los procesos operativos, porque se relacionan con los objetivos que la empresa ha trazado y, por lo tanto, adquieren un papel protagónico en la organización.

Herramientas para administrar el tiempo

El tiempo es una fuerza intangible, trae consigo cambios, transformaciones, oportunidades y un sinnúmero de circunstancias que hacen parte de la realidad. Este recurso se utiliza para realizar las tareas del hogar, los proyectos del trabajo, o cualquier otra actividad de la vida diaria. Desde un punto de vista estratégico, la optimización del tiempo genera dinero, mucho dinero. ¿Por qué? Pues bien, al entregar un proyecto en los plazos establecidos, genera en el cliente una perspectiva positiva, además la empresa obtiene ingresos en el menor tiempo posible y el empleado recibe su remuneración.

El tiempo es un recurso único que se debe valorar, porque el progreso depende de cuánto se haga en un periodo determinado. Los esfuerzos y el compromiso adquieren valor si se administra de manera eficiente el tiempo. ¿Cuáles herramientas existen para saberlo administrar? A continuación, se exponen algunas:

La agenda

Permite anotar y recordar las diferentes actividades como reuniones, fechas especiales, salidas, entre otras tareas que se piensan llevar a cabo en un determinado periodo. Se puede utilizar de manera física y electrónica, lo importante es la facilidad que tenga la persona para llevar sus pendientes diarios. Su uso es genérico, sirve tanto para llevar la rutina laboral como la vida personal. Si se quiere mezclar ambas e incluso llevar por separado, está bien.

Los beneficios de utilizar una agenda son innumerables, sirve de apoyo a la hora de tener una mayor claridad de las obligaciones, volviendo a la persona responsable con sus deberes. Es común observar emprendedores exitosos que contratan a una asistente, quien tiene la función de avisarles sobre una actividad, ya sea una reunión importante con inversionistas extranjeros, hasta una cita romántica.

Antes de elegir el tipo de agenda, es necesario reflexionar sobre los motivos para necesitar de una, o más bien, el propósito que tiene en la vida del emprendedor. Por ello, hay que tener en cuenta las siguientes preguntas:

- ¿De qué tamaño será la agenda?

- ¿Qué opciones deberá tener la agenda? ¿Números telefónicos, días de la semana o solo fines de semana?

- ¿La agenda se usará para uso personal o del negocio? ¿O en ambas?

- ¿Cuánto tiempo durará la agenda?

En muchas papelerías venden agendas personalizadas, la idea es tener una que se adapte a la personalidad y, sobre todo, que sea fácil de usar o transportar en la vida cotidiana. Por ejemplo, una agenda pequeña se puede meter en un bolsillo, en el bolso e incluso en un canguro o riñonera. Además, existen aplicaciones en Android y iOS que permiten organizar el tiempo a través de una agenda virtual, entre algunas opciones se encuentran: Task Agenda, Tareas de Google, WeNote, Día a Día, HabitNow, Planner Pro, Microsoft To Do, Todoist.

Si se va a utilizar una aplicación de agenda virtual, es recomendable mantener activado el dispositivo móvil y en el perfil de sonidos "normal". Sin duda, a la persona no se le pasará ninguna actividad, será productivo, responsable y comprometido.

Cronograma

Realizar un cronograma es bastante sencillo, es lo mismo que los cronogramas entregados por algún empleado de la subdivisión gestión de proyectos. La manera de crearlo e interpretarlo se encuentra en el primer consejo: un calendario de trabajo debe ser capaz de optimizar el tiempo. El segundo consejo abarca la consideración de varios factores indispensables a la hora de diseñarlo, por ejemplo, los objetivos a alcanzar, los recursos, el presupuesto, las actividades y el alcance en diferentes periodos, es decir, a corto, mediano y largo plazo.

Un cronograma eficiente permite entregar las tareas en el tiempo indicado, incluyendo la sensación de motivación y satisfacción por parte del trabajador. Es un elemento clave que utiliza una serie de gráficos para representar las tareas de una forma ordenada, se incluyen los recursos necesarios y los protagonistas de cada tarea junto a los plazos que conlleva el proyecto. Entre los tipos de cronogramas se encuentran los siguientes:

Diagrama de Gantt: Es uno de los más antiguos, se adapta a cualquier tipo de proyecto, aunque sea demasiado largo o corto. Plasma gráficamente el orden de las actividades que están pendiente a través de unas barras horizontales, estas identifican el inicio y el final junto a su relación. Por ejemplo, la fase tres comienza cuando las otras fases que la anteceden han llegado al 100%.

Diagrama de PERT: Es utilizado por las grandes empresas que requieren una planeación extensa. Permite unir cada tarea entre sí e incorporar el tiempo requerido para ser finalizada. Además, consta de fases enumeradas o secuenciadas manteniendo un orden. Visualmente el diagrama de PERT, se puede percibir como una serie de círculos o cuadrados encabezados por el nombre de la tarea, y debajo la fecha límite de entrega.

Por otro lado, las fases del cronograma de actividades se pueden realizar siguiendo estos pasos:

Paso 1: Recopila toda la información (detalles del proyecto, plazos).

Paso 2: Define cada tarea según la información del proyecto.

Paso 3: Secuencia las tareas a través de una línea de relación.

Paso 4: Define los plazos de entrega y los recursos que se utilizarán para llevar a cabo el proyecto.

Paso 5: Distribuye cada tarea a la persona adecuada según sus aptitudes, fortalezas y productividad

Algunas aplicaciones de cronogramas: Time Planner, Planificador y calendario, Memorigi, Family Calendar, GroupCal, monday.com.

Listas

Es una de las herramientas principales que usan las personas fascinadas con la administración del tiempo. Existen varios tipos de listas, ya sea el de las actividades y las acciones, en ambas se establecen objetivos en un solo paso, o más bien, en un bloque vertical. Lo recomendable es ser lo más específico posible. Por ejemplo:

- Reunión vía Zoom con amigos de la universidad.

- Entregar informe financiero a Gilberto.

- Sacar al perro y llevarlo al parque San Isidro.

- Pagar el servicio de agua en la página de web.

- Preparar la cena.

- Lavar los platos.

- Realizar transferencia bancaria a María por creación de página web.

- Escuchar el capítulo siete del audiolibro *Libérate de tu negocio*.

Las listas son personalizables, el usuario puede dividir como lo desee las áreas, es decir, la sección de proyectos en el hogar, los proyectos personales, las tareas del trabajo, entre otras. También se pueden utilizar plantillas predeterminadas que faciliten la creación de otras secciones, y de esta forma se pueda ordenar cada uno de los ítems pendientes. Las listas mejoran la productividad junto a la organización y planificación de las responsabilidades. Saberlo utilizar puede llevar a cualquiera a obtener la libertad económica.

Recordatorios

Los recordatorios son una de las mejores herramientas para anticipar la realización de una actividad en particular, porque muestran las tareas pendientes a través de un estímulo, por ejemplo, en el recordatorio predeterminado de un celular, se puede colocar el título de la tarea, la hora de inicio y finalización, junto a una alarma.

Un recordatorio facilita jerarquizar las actividades, asumiendo el primer lugar las tareas más importantes que requieren una atención inmediata. Algunas herramientas de recordatorio: Alarma de recordatorios, Galarm, Recordatorios BZ, aplicación de recordatorio.

Otras herramientas de gestión del tiempo: Chronos, Calendario de papel, RescueTime, Google Calendario.

Aspectos para potenciar al máximo el tiempo

1. El trabajo profundo o *Deep Work* ahorra mucho tiempo de trabajo. Cuando una persona se sumerge en su tarea sin prestarle atención a los mensajes del celular, al sonido del televisor o una conversación interesante, de seguro terminará en pocas horas.

2. Conocer los atajos del teclado puede acelerar la realización de una tarea, porque los milisegundos que demora agarrar el mouse y deslizarlo por la pantalla, se los puede ahorrar usando los atajos.

3. Categorizar las tareas de mayor a menor complejidad, ayuda a sacar adelante en un solo día varias tareas.

4. Si se quiere optimizar el tiempo, es importante madrugar.

5. Planear con anterioridad una tarea, puede ayudar en un 95%, su finalización temprana.

Todas estas herramientas hacen parte de los trucos de los nuevos emprendedores millonarios, quienes han alcanzado la supremacía financiera. Ahora es necesario descubrir la forma en la que estos emprendedores administran las finanzas de sus negocios, encontrando el punto de equilibrio entre la entrada del efectivo y la rentabilidad. Lo último es la meta de cualquier persona que desea la libertad desde todos los sentidos.

Saber escoger el tiempo es ahorrar tiempo. Francis Bacon

Capítulo 7. Finanzas de tu negocio

Las finanzas de una empresa abarcan el movimiento del dinero, su obtención y la administración del mismo. Además, le da una perspectiva amplia a una persona a la hora de tomar las mejores decisiones. Su estudio y comprensión ayuda a administrar los recursos personales, aprovechar las diferentes oportunidades del entorno, tomar decisiones en pos de los objetivos propios y profesionales. Encontrar el equilibrio perfecto de las finanzas apunta a una estrategia llamada *Profit First*, un sistema orientado a hacer perdurar a lo largo del tiempo a una empresa, es como el elixir de la vida, por decirlo de alguna manera. Para entender su funcionamiento es necesario hablar de ingresos y rentabilidad.

Los ingresos son una de las fuentes monetarias más importantes en una empresa, permite su abastecimiento, fomenta la inversión, salda las cuentas por pagar (nómina, servicios, costes operacionales y otros). Los ingresos son las cantidades de dinero recaudadas por la organización a través de la venta de sus productos o servicios, en pocas palabras, es un incremento de los recursos económicos.

También se puede utilizar la palabra ingresos para referirse a la entrada de dinero o recursos que tiene una persona, ya sea su sueldo quincenal o mensual, un subsidio, una jubilación, cuota del arriendo pagado por su inquilino, intereses en las inversiones, bonos, comisiones. Existen distintos tipos de ingresos que responden a diversos orígenes de entrada de dinero.

Ingresos periódicos: Hacen referencia a los beneficios monetarios que se reciben de manera regular, o más bien, periódica. Por ejemplo, en el caso de una empresa, pueden ser los ingresos obtenidos por la venta de su línea de productos.

Ingresos variables: Ocurren de manera extraordinaria, en ocasiones es independiente a las operaciones de la organización. Por ejemplo, una empresa gana un premio por cuidar a la naturaleza a través de sus políticas internas, dicho premio es la suma de trescientos mil euros.

Ingresos de tipo activo: Parecidos a los ingresos periódicos, estos se basan solo en los ingresos obtenidos por la prestación de un servicio o en la venta de un bien.

Ingresos de tipo pasivo: Son los ingresos obtenidos de elementos de propiedad, hacen parte de los bienes de la empresa, pero están lejos de relacionarse con las operaciones. Por ejemplo, una compañía tiene un edificio que decide alquilar, la renta obtenida es un ingreso pasivo.

Ingresos derivados de una cartera: Comprende las ganancias obtenidas al poseer instrumentos financieros como un bono del estado, títulos de deuda pública, fondos de capital privado, entre otros.

Por otro lado, la rentabilidad es definida en la Real Academia Española como "Que produce renta suficiente o remuneradora". Es decir, la rentabilidad es utilizar los recursos de manera óptima para generar más ingresos de los que se debe pagar en gastos. Cuando se habla de "manejar los recursos de una forma óptima", quiere decir que una organización debe emplear estrategias para volverse eficiente y autosustentable, tal capacidad se verá recompensada en un resultado de rentabilidad positiva.

La rentabilidad es como una balanza, los ingresos deben pesar más que los gastos si se quiere llegar al progreso y a la supervivencia en un mundo lleno de oportunidades, ¿por qué? La respuesta es sencilla: si los gastos y los ingresos alcanzan el equilibrio perfecto, la empresa terminará estancándose, cayendo en una monotonía financiera, es decir, carecerá de ganancias hasta el punto de dejar pasar oportunidades de inversión o negocios rentables. También se debe mencionar que la rentabilidad mide el éxito y el fracaso de una empresa.

¿Qué es un gasto? Como su nombre lo indica, se refiere al pago de diferentes obligaciones adquiridas, en donde el capital monetario pasa a terceros. Además, comprende los costes incurridos en una determinada operación para obtener ingresos, por ejemplo, se desembolsan 500 dólares en la realización de las fases de marketing digital en las redes sociales. Sin embargo, muchas personas confunden ambos términos, los costes son diferentes a los gastos porque el primero está relacionado con la producción de un producto, es fundamental en la obtención de ingresos y genera un retorno o beneficio a futuro, mientras el segundo es indispensable para mantener operativa la empresa, se encuentra relacionado con los aspectos administrativos de esta misma y su retorno es nulo.

Para entender la diferencia entre ambos conceptos, es necesario plantear el ejemplo a continuación:

Una empresa que fabrica cremas para manos y cuerpo, acaba de abrir. Cada producto requerirá de materiales e ingredientes, así como mano de obra con el fin de producirlo. También requerirá de energía eléctrica para hacer funcionar la maquinaria que se encargará de producir los empaques, al igual que agua como ingrediente de la crema. Todo este proceso de producción hace parte de los costes.

Cuando el producto está finalizado y listo para ser comercializado en la región, todas las erogaciones que se incurren desde allí, hacen parte de los gastos, ya sea el pago del transporte, el almacenamiento, el pago del salario del vendedor, del gerente y demás empleados. En pocas palabras, los costes abarcan el proceso de fabricación de un producto y los gastos comprenden la fase posterior a su ingreso en el mercado.

Por otro lado, surge una pregunta: ¿Cómo se halla la rentabilidad de una empresa? Pues bien, existe una fórmula matemática:

Ingresos netos= Ingresos – Gastos total

*Margen de beneficios= Ingresos netos / ventas netas (ingresos) *100*

Al tener en cuenta lo anterior, es posible afirmar que la rentabilidad permite comparar los resultados de un periodo a otro.

Por ejemplo: La empresa Libérate tuvo un ingreso de 100.000 dólares y un gasto total de 40.000 dólares en el año 2020.

Ingresos netos= 100.000 – 40.000= 60.000

Margen de beneficios= 60.000 / 100.000= 0.6 *100= 60%

En el siguiente año, tuvo un ingreso de 80.000 dólares y en gasto total 45.000 dólares.

Ingresos netos= 80.000 – 45.000= 35.000

Margen de beneficios= 35.000 / 80.000= 0.4375= 43.75%

En la comparación, se percibe claramente que la rentabilidad de la empresa Libérate disminuyó porque tuvo bajos ingresos y el gasto aumentó un poco más. Dicho resultado es una advertencia para que la empresa cambie su estrategia operacional.

Profit First

El Profit First es un sistema utilizado por centenares de empresas pequeñas y medianas, porque permite enfocarse en sus utilidades (diferencias positivas entre ingresos y gastos, ganancias) en lugar de los ingresos diarios. Este método deja atrás la fórmula convencional de que los beneficios resultan de la resta entre ingresos netos y gasto total.

Con la perspectiva del Profit First se determina en primer lugar, el porcentaje de los ingresos reales que deben de ser una utilidad, y en segundo lugar reserva un monto para esa determinada sección. Esto quiere decir que una empresa en lugar de utilizar todos sus ingresos en una sola naturaleza transaccional, por ejemplo, el pago de los pasivos, separa inteligentemente los ingresos antes de gastarlos en una situación irrelevante. Salvaguarda las ganancias como primera opción.

Una regla de oro en las finanzas afirma que, para ahorrar, es necesario separar el recurso al mismo tiempo en que se reciben los ingresos, o bien, planear con anterioridad su uso. Esto abre un nuevo panorama: las empresas deben preocuparse por su rentabilidad en cuanto a su flujo de efectivo constante, en vez de dedicarse a solo vender, vender y vender. Es obvio que las empresas necesitan ganar, pero para sobrevivir deben prestarle atención a la rentabilidad periódica.

¿Cómo se logra el Profit First? Pues bien, teniendo en cuenta los siguientes pasos:

Paso 1: Identificar los gastos. Es importante saber hacia dónde fluyen los ingresos que entran periódicamente a la empresa. Una vez hecho, es recomendable organizar los recursos en cinco variables distintas: utilidades, impuestos, gastos operacionales, nómina, impuestos y gastos imprevistos.

Paso 2: Mantener el orden. Organizar los porcentajes de cada variable y su grado de importancia, esto permite clarificar el uso de los ingresos. Por ejemplo, primero depositar lo correspondiente a las utilidades destinando un 5%, luego para el pago de los impuestos un 35%, un 40% para los gastos operacionales, y así sucesivamente.

Paso 3: Proteger las utilidades. Lo recomendable es evitar la tentación de utilizar el porcentaje destinado a las utilidades en cosas vanas, para ello, se puede consignar el monto en una cuenta de ahorro o invertirlo en un instrumento financiero.

Paso 4: Utilizar un cronograma de acción. Si se quiere obtener un rendimiento positivo en la rentabilidad del negocio, es fundamental crear un calendario para el pago de cada variable. Esto supondrá un control de los ingresos y las utilidades.

Por eso, el método Profit First resulta muy útil para las pequeñas y medianas empresas, pues las lleva a enfocarse en sus utilidades en lugar de solamente en sus ingresos. Rodrigo Laddaga

Capítulo 8. Emprendimiento del futuro

La naturaleza es un claro ejemplo de lo que es el éxito, millones de planetas inundan los estamentos del cosmos, nacen y mueren, pero crean a otras de su clase. La energía se transforma adquiriendo nuevas tonalidades, se adapta expresándose en distintas formas. Por su parte, la vida interactúa entre sí mientras consume los recursos de los planetas, en este caso, la tierra esconde un sinnúmero de especies que han vivido en su superficie por miles de años, se han multiplicado hasta el punto de volverse parte del entorno, y de estar en casi todos los continentes, aunque existan climas extremos.

La propia naturaleza guarda los secretos de la prosperidad y del éxito, si se quiere encontrar la libertad financiera solo basta con observar cómo la vida actúa y se desenvuelve. Valores como la adaptabilidad, la constancia, el ahorro, la innovación y la multiplicación de los recursos, son algunas de las enseñanzas que tiene la vida para las empresas que desean la rentabilidad.

Los atributos físicos de los animales son una prueba de la adaptabilidad, como la espesa y blancuzca piel de los osos polares que habitan el norte, en comparación a sus hermanos los osos pardos. La constancia del pájaro carpintero al picar el tronco de un árbol, parece imposible con un pico tan pequeño, pero la tenacidad lo ayuda a poder hacer un orificio en aquel tronco impenetrable. La innovación de los seres humanos que cada día inventan nuevas formas para hacerse la vida más fácil, o el contexto natural, en el que algunas aves les toca cantar o danzar para poder reproducirse, innovan con el fin de obtener altas probabilidades de conseguir una hembra.

En cuanto a la multiplicación de los recursos, las plantas tienen un proceso estratégico en el que sus flores llaman a las abejas, las mariposas y potenciales insectos, estos se encargan de propagar el polen, propiciando su reproducción y el poder multiplicarse por todo el entorno. El ahorro es una cualidad innata de las hormigas, insectos tan antiguos como los volcanes que se esconden en algunas islas del océano Índico, además se han multiplicado de manera exponencial, incluso se pueden encontrar en un desierto. Las hormigas son un reflejo de éxito porque al ser tan pequeñas, han logrado construir un imperio de progreso, lealtad, supervivencia y, sobre todo, de unión.

Las hormigas utilizan el trabajo en equipo para llegar a sus objetivos, pueden cargar el doble de su peso, trabajan duro, pero de una manera inteligente, aprovechan las oportunidades del entorno y le sacan un beneficio. Además, poseen una cualidad única: son capaces de trabajar en sincronía. El método "hormiga reina" en las empresas, es una bendición si se quiere alcanzar la supremacía en el mercado y la libertad financiera. Esta abarca una serie de estrategias o técnicas orientadas al bienestar, la multiplicación de los recursos, el trabajo en equipo, el ahorro y una vida llena de regocijo.

El método "hormiga reina"

Una hormiga reina es el centro de un hormiguero, se encarga de dar a luz a miles de larvas que trabajarán en el futuro para el bienestar del grupo. Cumple una función importante porque administra y les da instrucciones específicas a sus retoños, ella es quien comienza el gran imperio. Lo interesante del asunto, son las comodidades que tiene, es acicalada casi todo el día por sus sirvientes: le limpian las antenas, el torso junto con el abdomen, la alimentan.

Cuando una hormiga reina sale por primera vez de su hormiguero para procrear, tiene un par de alas que le permiten volar y alcanzar objetivos específicos, ya sea posarse en una hoja, ir hacia un grupo de machos fértiles e incluso obtener algo de alimento. Al momento de ser fecundada por un zángano, sale en busca de un nido, ese será su hogar en donde criará a sus retoños. En la primera semana pondrá algunas larvas, allí las cuidará hasta que maduren y puedan servirle. Les dedica mucho tiempo, cuidándolas de algunos peligros propios de la naturaleza.

Pasa el tiempo y las hormigas se han multiplicado, ahora hay un gran número de obreras y soldados, las primeras se encargan de mantener el hormiguero en perfectas condiciones, crean túneles, hacen cavidades. Las segundas velan por la seguridad, poseen mandíbulas inmensas y un gran tamaño en comparación a sus hermanas. Otras se ocupan de buscar alimentos, llevarlos a las cavidades o cuidarlas. Otro grupo atiende a las larvas junto a la hormiga reina, quien solo debe pensar en traer al mundo más oportunidades de crecimiento y expansión.

Además, la hormiga reina expande sus horizontes cuidando de otras hormigas reinas vírgenes, ellas se encargarán de llevar a la especie a otro lugar, crearán un nuevo hormiguero y formarán un imperio tan grande como el de su madre.

¿Por qué es importante el método "hormiga reina"? He aquí varios puntos a considerar:

- Lleva al emprendedor hacia la libertad financiera.

- Crea oportunidades de progreso.

- Permite subcontratar.

- Permite la expansión de la empresa.

- Multiplica los recursos.

- Aumenta las posibilidades de obtener el éxito y la rentabilidad.

- Fortalece la comunicación.

- Potencializa el ahorro.

Aplicación del método "hormiga reina" en una organización

Según la ilustración de la vida de una hormiga reina, cuando sale por primera vez representa al emprendedor que tiene una idea de negocio, sueña con volverla realidad y poder alcanzar sus metas. Las alas simbolizan la voluntad o la pasión de llevarlo a cabo, es como la energía mental de obtener excelentes resultados con su estupendo proyecto, esto lo impulsa a buscar oportunidades (los zánganos).

Dichas oportunidades se encargarán de fecundar los proyectos, ya sea a través de la inyección de capital, un préstamo o la unión de varios socios. Al estar el emprendedor preparado para encontrar el lugar en el que su negocio desarrollará las operaciones, supondrá la adquisición de un inmueble ubicado de manera estratégica (orificio), asimismo las herramientas necesarias en la producción.

Los primeros ingresos son las larvas maduras que se encargarán de mantener al hormiguero en óptimas condiciones. El emprendedor deberá ser capaz de administrarlo según las estrategias aprendidas. En pocas palabras, el dinero trabajará para el emprendedor. También, se puede comparar a las larvas maduras convertidas en hormigas con los empleados, quienes harán funcionar a la empresa.

Entonces, el emprendedor debe educar o preparar desde todos los sentidos a sus gerentes, así como una hormiga reina lo hace con su estirpe. Estos se van a encargar de abrir nuevas sedes en otras ciudades, siguiendo el plan de negocio más los objetivos, junto a los valores de la empresa. De esa manera, la idea original adquiere una notoria presencia en determinadas partes del mundo, inundando al mercado con sus servicios o productos.

Mientras tanto el emprendedor disfrutará de tiempo libre para estar con la familia o de buscar oportunidades de crecimiento intelectual, personal y espiritual. Tendrá libertad de dinero, estará pendiente de todos sus negocios supervisando y preguntándole a cada gerente sobre las ganancias obtenidas, por ejemplo.

La creación de varios negocios autosustentables supone una riqueza sin precedentes frente a un mundo lleno de oportunidades. ¿Cómo crear otras hormigas reinas? ¿Qué beneficio tiene? La respuesta es saber inculcarles los objetivos, las metas y los valores de la organización, además de transmitirles todo el conocimiento adquirido a lo largo del tiempo. El emprendedor se vuelve un maestro que prepara a sus alumnos para conquistar el mundo.

En cuanto a la segunda pregunta, los beneficios se relacionan con la libertad financiera. Un emprendedor que tiene diferentes negocios manejados por personas talentosas y de confianza, tiene una alta probabilidad de sentirse tranquilo. Sabe que está facturando millones de dólares mientras nada en las playas de Acapulco. Ha encontrado el equilibrio en la vida, su idea se ha multiplicado como miles de hormigas lo hacen en cinco años. El dinero trabaja por sí solo, pero con la ayuda de un equipo sólido lleno de talentos inimaginables. ¡Los sueños se pueden volver una realidad!

Los sacrificios han rendido fruto, ahora es una fortuna incalculable, la empresa es un lugar lleno de oportunidades, donde trabajan empleados que desean sacar adelante a sus familias. Produce empleos, ingresos, impacta a la comunidad y beneficia al gobierno.

Las hormigas se han adaptado a diversos ambientes y han construido sus hogares en cualquier lugar. Estos insectos se pueden encontrar en un desierto, cerca de un lago, en la pared de una casa, en los árboles, en un tubo de alcantarilla. Son expertas en adaptarse a circunstancias poco comunes, incluso si tienen la oportunidad, pueden hacer el nido dentro de un computador o celular, ¡increíble pero cierto!

Por ese motivo, el método hormiga reina también ayuda a sobrevivir frente a cambios bruscos. La llegada de la pandemia del covid-19 abrió en dos partes la manera de administrar empresa, ha aparecido una nueva realidad, cuyos retos han hecho que los negocios se reinventen, adquiriendo cualidades poco comunes.

Por ejemplo, muchos bares se convirtieron en panaderías, los restaurantes añadieron sistemas de pedidos confiables y rápidos. Incluso muchas empresas que usaban sistemas obsoletos de marketing, cambiaron de la noche a la mañana, empezaron a utilizar la tecnología como una amiga a la hora de hacer publicidad, darse a conocer o de prestar sus servicios.

Los negocios que carecían de páginas web, invirtieron en la creación de una, aumentando su visibilidad, atrapando clientes potenciales e incorporando estrategias actualizadas de atención al cliente. Estos cambios se relacionan con la industria 5.0.

La industria 5.0

Para nadie es un secreto que en los próximos años se viene una gran revolución, las películas de ciencia ficción se han encargado de ilustrar esa nueva realidad ignorada por miles de personas. Máquinas y humanos trabajarán juntos en busca del éxito. La industria 5.0 pretende potenciar la inteligencia artificial con el fin de ejecutar procesos netamente humanos.

La tecnología se encargará de mejorar la productividad y la eficiencia, disminuyendo el tiempo de realización y entrega de un producto. Las empresas tendrán todo un sistema optimizado de funciones que, con tan solo un clic, se podrán obtener millonarias ganancias.

Por otro lado, muchos especialistas en la materia sugieren lo siguiente sobre la industria 5.0:

> La industria 5.0 se caracteriza por ir más allá de la producción de bienes y servicios con fines de lucro. Cambia el enfoque del valor para los accionistas al valor para las partes interesadas y refuerza el papel y la contribución de la industria a la sociedad. Coloca el bienestar del trabajador en el centro del proceso de producción y utiliza las nuevas tecnologías para brindar prosperidad más allá del empleo y el crecimiento, respetando los límites de producción del planeta. Pero hacer de la Industria 5.0 una realidad no es solo algo agradable. Las industrias deben adaptarse, evolucionar y adoptar las transiciones ecológicas y digitales para seguir siendo competitivas y seguir siendo motores de prosperidad.
>
> Las industrias deben desempeñar un papel activo en la provisión de soluciones a los desafíos de la sociedad, incluida la conservación de los recursos, el cambio climático y la estabilidad social. La revisión de las cadenas de valor y las prácticas de consumo de energía existentes también puede hacer que las industrias sean más resistentes a los impactos externos, como la crisis de covid-19. (European Commission)

La industria 5.0 exigirá una actualización en muchas áreas laborales, conocimientos y habilidades orientados al manejo de tecnología de punta. También se reestructurarán y desaparecerán empleos en pos de facilitar las tareas del día a día. Tomarán mucha fuerza cargos vinculados a las redes sociales, la creación de contenido audiovisual e infografías, el bilingüismo, el análisis de datos, la supervisión de procesos tecnológicos.

La quinta revolución industrial impulsará la creación de productos personalizados, hará que robots ayuden en diversas tareas al hombre, delegándoles las actividades más peligrosas. A continuación, se resumen los beneficios de la industria 5.0:

1. Permitirá la generación de energías limpias.

2. Aumentará los años de vida humana.

3. Disminuirá la mortalidad por accidentes laborales.

4. La cadena de producción será rápida, eficaz y de mayor calidad.

5. Le dará más libertad de tiempo al ser humano.

6. Propondrá soluciones inimaginables.

7. Abrirá oportunidades de empleo en nuevas áreas tecnológicas.

8. Fomentará una economía circular y fuerte.

9. Facilitará procesos que antes eran complejos de desarrollar.

10. Optimizará los costos de producción y los gastos en nómina.

Los nuevos emprendedores millonarios saben que el mundo cambiará pronto, por ello, se han mantenido actualizados sobre temas tecnológicos, incorporando innovadoras estrategias para los clientes del futuro. El éxito se encuentra en la habilidad de adaptarse a los cambios del mundo, encontrando un punto equilibrio, buscando la rentabilidad hasta el punto máximo, sin embargo, existen algunos errores que suelen cometer los emprendedores novatos.

Errores a la hora de obtener la libertad financiera

Si se desea obtener la libertad financiera de manera ilimitada, se deben evitar los siguientes errores:

- Contratar al personal inadecuado para ahorrar algo de dinero: Algunos emprendedores prefieren contratar al personal inadecuado solamente porque cobran más barato. El resultado será una posible gestión mediocre en alguna tarea, esto hará que los clientes tengan una imagen poco positiva de la organización. Por eso, en vez de tener en cuenta lo que cobran, es mejor observar las habilidades y el nivel de productividad. Otra cosa, hay que pagarle al empleado un salario justo porque de allí arrancará su lealtad, junto a las ganas de seguir trabajando.

- Abandonar el negocio: Aunque se ha alcanzado la libertad financiera, un emprendedor debe supervisar los avances de su negocio, revisando los estados de resultado, comparando la rentabilidad de un periodo a otro, analizando los comportamientos financieros. Si se duerme bajo los laureles del éxito, se encontrará con una gran sorpresa. Si está al tanto de lo que ocurre en el negocio, podrá incorporar estrategias para solucionarlo, o aconsejar al gerente a tomar una buena decisión.

- Manejar el dinero de manera desordenada: Es común emocionarse al recibir miles de dólares en un mes, la mente comienza a planear en qué gastarlo, ¿en una casa lujosa? ¿En un viaje? ¿En fiestas? ¿En regalar en la calle miles de dólares? Las emociones aumentan más cuando llegan las ganancias de otro negocio, pero el emprendedor inteligente sabe que, si ordena de una manera correcta sus gastos, tendrá una excelente vida financiera. Lo importante es pensar con cabeza fría, dividir cada monto en determinadas variables y obtener beneficios con ese dinero, al mismo tiempo poder disfrutar de los placeres de la vida.

- Evitar aprender: Es un error común creerse el sabelotodo, aunque se tenga prosperidad e ingresos exorbitantes, o más bien, un negocio exitoso, es importante mantener la humildad y el deseo de aprender. Los nuevos millonarios aprenden de los demás, leen sobre sus temas favoritos, tienen conversaciones asertivas con los colegas, absorben cada experiencia para ser mejores personas. La terquedad es una actitud errónea, es importante aceptar comentarios, opiniones y, sobre todo, críticas. Saberlas utilizar a favor puede hacer que una persona evolucione en todos los sentidos.

- Pensar en vender, vender y vender: Aunque parece un consejo, en realidad es un error dedicarse solamente a vender, porque un emprendedor ignorará aspectos importantes como el bienestar del equipo, la calidad de los productos, la opinión de los consumidores. Esta tríada comprende el ciclo vital de la empresa, por tal motivo, se le debe prestar atención a cada detalle.

He aprendido que las mejores lecciones vinieron de mis mayores errores. Gurbaksh Chahal

Conclusiones

La libertad es una de las mayores aspiraciones que todo emprendedor desea, se relaciona con disfrutar del tiempo, el dinero y tener una vida llena de abundancia. La libertad de dinero es tener la oportunidad de manejarla sin restricciones, es un estado inalterable en el que alguien posee una riqueza capaz de llevarlo a la estabilidad económica, su futuro está asegurado. La libertad de tiempo se refiere a tener la disponibilidad de pasar momentos con la familia, de poder acompañar a los hijos al colegio o disfrutar de una cena romántica con la pareja, también es disponer de un horario flexible.

Descubrimos que, si se es un empleado con un horario estricto, es posible emprender o crear un negocio rentable, tan solo la persona debe buscar el tiempo libre para trabajar poco a poco en su idea, lo importante es mantenerse constante. Un adulto mayor puede obtener la libertad financiera y crear una empresa exitosa, un ejemplo de ello es el fundador de KFC. Una persona pobre puede salir adelante si se lo propone, así como alguien sin una profesión. Todo se encuentra en la voluntad, junto a las estrategias utilizadas a la hora de volver realidad los sueños.

Si una persona quiere crecer en el mundo del emprendimiento, debe conocer ciertos hábitos saludables que permiten aumentar la productividad, la eficiencia, la administración del tiempo, entre otros beneficios. Sin embargo, antes de entrar a dichos hábitos, el emprendedor debe hacerse un autoanálisis, identificando defectos, cualidades, limitaciones, oportunidades. Entre los hábitos que vimos se encuentran el poder de madrugar, la responsabilidad, la gratitud, dejar lo más fácil para después, remover las distracciones; diseñar procedimientos sistematizados, aprender a través de la lectura y la práctica; trabajar dentro del horario biológico, crear un ambiente agradable, y buscar nuevas oportunidades.

El día a día de los nuevos emprendedores millonarios depende de la actividad que realicen: madrugan, hacen ejercicios para mantenerse saludables, planean las tareas de todo el día, supervisan sus negocios hasta revisar cada segmento en profundidad, en pocas palabras, verifican si todo marcha bien, porque le han delegado las funciones a personas talentosas y confiables. Después del almuerzo, tienen el tiempo libre para buscar oportunidades de crecimiento o de pasar momentos únicos con la familia.

Las cualidades de los nuevos emprendedores millonarios son: innovación, planeación, pasión, buen manejo del dinero, liderazgo, usan la tecnología, negocian, se rodean del mejor talento, escuchan, aprenden y ambicionan cosas grandes. Por otro lado, para conocer a fondo un negocio propio (VTO) es necesario crear una misión, visión, metas u objetivos específicos, así como valores orientados a fortalecer las relaciones internas de la empresa. Además, el organigrama permite entender la jerarquía interna categorizando cada cargo. Se divide en los siguientes tipos: funcional, matriz, horizontal y circular. Conocer a los clientes es una forma de entrar en el mercado como el número uno, puesto que los clientes se sentirán a gusto y querrán consumir los productos o servicios.

Descubrimos que las estrategias de implementación EOS son una serie de tácticas para progresar lo más rápido posible. La primera estrategia es el Rocks, esta consiste en ir hacia objetivos específicos. El Flywheel trata de utilizar a los clientes como un motor que impulsa a la empresa, donde la voz a voz o las recomendaciones juegan un papel fundamental a la hora de atraer a consumidores de todo el mundo. El meetings fortalece las relaciones interpersonales y laborales de los empleados, quienes desean dar el 100% en el trabajo, gracias a las reuniones se pueden encontrar falencias y detalles a mejorar.

En cuanto a la automatización del negocio, concluimos que es indispensable contratar al personal adecuado para el puesto correcto, por ello, existen acciones como la entrevista, los exámenes de conocimiento y conductual, entre otras. Además, vimos algunas plataformas que permiten encontrar al mejor talento: Fiverr, Workana, Upwork.

La administración del tiempo es un recurso importante si quiere conseguir la libertad financiera, puesto que, al gestionar el tiempo, las tareas se podrán entregar lo más pronto posible, aumentando la puntualidad, la productividad, y por supuesto, la eficiencia. Las finanzas de la empresa es un asunto delicado, una excelente administración del dinero puede potenciar al máximo los procesos internos, así como la obtención de ganancias. Una empresa debe apostar por ser rentable, sin caer en el error de solo preocuparse por los ingresos del día a día. El Profit First ayuda al emprendedor a organizar los ingresos a tal punto de darle un porcentaje a cada variable, ya sea el pago de las nóminas, los impuestos, utilidades, entre otras.

Con el conocimiento actual, los emprendedores tienen muchas facilidades de crecimiento. El futuro poco a poco se acerca para moldear a la industria 4.0, y transformarla en la industria del futuro, donde máquinas y seres humanos trabajarán juntos por el bienestar de toda una sociedad. La tecnología es una herramienta fundamental para obtener la tan anhelada libertad económica.

Si se utilizan los consejos expuestos a lo largo de los capítulos, sin duda, un emprendedor podrá crear una empresa autosostenible, manejada por el mejor talento del mundo. Solo al emprendedor le tocará estar pendiente de su negocio, supervisándolo de una manera óptima, esto le ayudará a alcanzar la cima del éxito, incluso tendrá tiempo para su familia, amigos y cosas productivas. Podrá viajar y ganar dinero al mismo tiempo. Ahora es libre como una paloma que vuela hacia las huestes celestiales, pronto a encontrar el camino del progreso.

Más información

El objetivo principal del equipo de Info de Vida es compartir informaciones con sentido positivo enfocadas al desarrollo y motivación personal para vivir en paz, abundancia y felicidad.

Te invitamos a visitar la web **www.infodevida.com/libros** para ver todos nuestros libros disponibles y lectura adicional dirigidas al desarrollo personal y profesional. También puedes escanear este código QR para acceder de manera rápida.

Página web

www.infodevida.com

Redes Sociales

www.facebook.com/infodevida

www.instagram.com/infodevida

www.twitter.com/infodevida

www.youtube.com/c/infodevida

Muchas gracias por el tiempo dedicado a este contenido.

Bibliografía

Vida, I. (2020). *7 Claves para Emprender con ÉXITO: Descubre los secretos y las estrategias para tener mejores resultados en el camino del emprendimiento (Spanish Edition).* Info de Vida.

Vida, D. I. (2020). *Cómo ganar, administrar y multiplicar el DINERO para alcanzar la libertad financiera (Spanish Edition).* Independently published.

Editorial, BOOKIFY. (2019). *Resumen Completo "La Semana Laboral De 4 Horas: No Hace Falta Trabajar Mas (The 4 Hour Workweek: Escape 9–5, Live Anywhere, And Join The New Rich)" - ... En El Libro De Tim Ferriss (Spanish Edition).* Independently published.

Gerencie.com. (2020, October 17). *Diferencia entre costo y gasto.* https://www.gerencie.com/diferencia-entre-costo-y-gasto.html

Valles, Y. (2019, December 2). *Profit First: un paradigma útil para las pymes.* Experto PYME. https://www.expertopyme.com/profit-first/

Ceupe, B. (2020, October 29). *Los departamentos de una compañía y sus funciones.* Ceupe. https://www.ceupe.com/blog/los-departamentos-de-una-compania-y-sus-funciones.html

A. (2020, September 11). *Right People, Right Seats: Building An Adaptable Team.* EOS Implementer UK. https://workcraft.com/right-people-right-seats-building-an-adaptable-team-2/#:%7E:text=Taken%20from%20Jim%20Collins'%20first,of%20strongest%20skillset%20and%20ability.

Chiavenato, I. (2009). *Administración de recursos humanos: el capital humano de las organizaciones* (9th ed.). McGRAW-HILL/INTERAMERICANA EDITORES, S.A. DE C.V.

Lopez, A., & Piedra, E. (2001). *Manejo de los recursos humanos: una guía práctica para organizaciones no gubernamentales* (Vol. 1). The Nature Conservancy.